AF671711

Die Revolution der Dialektik

Samael Aun Weor

Verlag Heliakon

Velag Heliakon

Original Titel: La Revolución de la Dialéctica
Übersetzer: Osmar Henry Syring
Umschlaggestaltung: Verlag Heliakon

Druck und Vertrieb: BoD - Books on Demand, Norderstedt

©2019 Verlag Heliakon
www.verlag-heliakon.de
info@verlag-heliakon.de

ISBN 978-3-943208-54-2

Das Werk, einschließlich aller seiner Teile, ist urheberrechtlich geschützt. Jede Verwertung ist ohne Zustimmung des Verfassers unzulässig. Dies gilt insbesondere für Vervielfältigungen, Über-setzungen, Mikroverfilmungen und die Einspeicherung und Verarbeitung in elektronischen Systemen.

Die Deutsche Nationalbibliothek verzeichnet diese Publikation in der Deutschen Nationalbibliografie; detaillierte bibliografische Daten sind im Internet über dnb.de abrufbar.

Inhaltsverzeichnis

In diesem Buch, die Revolution der Dialektik, habe ich Ihnen die Wissenschaft gegeben, die nötig ist, das Bewusstsein zu erwecken. Machen Sie nicht den Fehler, dieses Buch wie eine Zeitung zu lesen. Studieren Sie es, erfahren Sie es, setzen Sie es in die Praxis um.

Samael Aun Weor

Reflexion

Unsere Position ist absolut unabhängig. Die Revolution der Dialektik hat keine anderen Waffen als die Intelligenz und keine anderen Systeme als das der Weisheit.

Die neue Kultur wird synthetisch sein und auf der Revolution der Dialektik basieren.

Diese Arbeit ist in hohem Maße praxisorientiert, im Wesentlichen ethisch, und zutiefst dialektisch, philosophisch und wissenschaftlich.

Wenn Sie über das Buch lachen, wenn Sie uns kritisieren, wenn Sie uns beleidigen, was kann es der wahren Wissenschaft oder uns anhaben? Denn wer über etwas ihm Unbekanntes lacht, ist auf dem besten Weg, zu einem Idioten zu werden.

Hier zieht diese Abhandlung als fürchterlicher Löwe in die Schlacht vor dem feierlichen Urteilsspruch des öffentlichen Gewissens, um die Verräter zu demaskieren und die Tyrannen zu verwirren.

Die Revolution der Dialektik

Monotheismus führt immer zu Anthropomorphismus – Idolatrie – und verursacht als Reaktion darauf materialistischen Atheismus; aus diesem Grunde bevorzugen wir Polytheismus.

Wir haben keine Angst, über die intelligenten Prinzipien der mechanischen Phänomene der Natur zu sprechen, auch wenn Sie uns als Heiden bezeichnen. Wir befürworten einen modernen Polytheismus, der auf der Psychotronik basiert.

Monotheistische Doktrinen führen letztendlich zu Idolatrie. Es ist vorzuziehen, über die intelligenten Prinzipien zu sprechen, die niemals zu Materialismus führen. Der Missbrauch des Polytheismus wiederum führt als Reaktion zu Monotheismus.

Der moderne Monotheismus entsprang dem Missbrauch des Polytheismus. Im Wassermannzeitalter, in dieser neuen Etappe der Revolution der Dialektik, muss der Polytheismus psychologisch in einer transzendentalen Art und Weise umrissen und außerdem intelligent ausgelegt werden.

Es bedarf einer sehr weisen Auslegung mit einem vitalen und integralen monotheistischen Polytheismus. Der monotheistische Polytheismus ist die Synthese des Polytheismus und des Monotheismus. Die Vielfalt ist die Einheit.

In der Revolution der Dialektik werden die Termini Gut und Böse nicht verwendet, ebenso wenig Evolution und Involution, Gott oder Religion.

In dieser veralteten und degenerierten Zeit erweisen sich die Revolution der Dialektik, die Autodialektik und eine neue Erziehung als notwendig.

Im Zeitalter der Revolution der Dialektik muss die Kunst des rationalen Denkens direkt durch das Sein gesteuert werden, um methodisch und genau zu sein. Eine Kunst des objektiven Denkens wird die pädagogische und integrale Wandlung bewirken.

Alle Aktionen in unserem Leben müssen das Resultat einer Gleichung und einer exakten Formel sein, damit sich die mentalen Möglichkeiten und die Funktionalismen des Verstandes entfalten können.

Die Revolution der Dialektik hat den präzisen Schlüssel, um einen emanzipierten Verstand zu erschaffen, um einen Verstand frei von

Konditionierung zu bilden, frei von der Vorstellung, wählen zu können, unitotal.

Die Revolution der Dialektik besteht nicht aus diktatorischen Normen des Verstandes.

Die Revolution der Dialektik trachtet nicht danach, die intellektuelle Freiheit zu missachten.

Die Revolution der Dialektik will lehren, wie man denken soll.

Die Revolution der Dialektik will das Denken nicht in einen Käfig oder Kerker sperren.

Die Revolution der Dialektik will die Integration aller Werte des Menschen.

Die Lehre

Nur ein intensiv gelebtes Leben verleiht bleibende Weisheit; aber der Verstand, der uns Fehler begehen lässt, hindert uns auf dem Weg zum Amphitheater der kosmischen Wissenschaft. Die Fehler des Verstandes sind jene Ichs oder psychologischen Defekte, die das intellektuelle Tier, fälschlicherweise Mensch genannt, in seinem Inneren trägt.

Die psychologischen Defekte befinden sich in den 49 Stufen des Unterbewusstseins. Die Ichs oder Egos der 49 Stufen des Unterbewusstseins können wir nicht erkennen und finden, da Teile eines jeden von ihnen in unseren verschiedenen Körpern verankert sind. Aus diesem Grund müssen wir zu einer dem Verstand übergeordneten Kraft flehen, damit sie das Ich mit dem Feuer der Schlange auflöse. Diese ist unsere göttliche Mutter Kundalini.

Einzig die Mutter Kundalini der hinduistischen Mysterien kennt die 49 Stufen des Unterbewusstseins.

Die erforschten psychologischen Defekte sind nicht Teil unseres Seins. Nachdem wir die psychologischen Defekte in der Meditation studiert haben, bitten wir während der sexuellen Superdynamik Ram-Io (Mutter Kundalini), die psychologischen Defekte durch diese sexuelle Kraft aufzulösen.

Mittels des Intellekts und der Reflexion ist es uns nicht möglich, einen Defekt im Verstand zu sehen. Hier stagnieren wir alle, weil wir nicht die anderen sieben Körper des Verstandes kennen, worin das Ich seine Schlupfwinkel hat.

Weder Verstand, Intellekt oder Vernunft, noch die subjektivsten Formen, mit denen der Mensch arbeitet, können je die tiefsten Stufen des Unterbewusstseins erreichen, wo das Ich permanent die Filme herstellt, die unser Bewusstsein zum Schlaf führen. Allein Kundalini vermag es, mit ihrem sexuellen Feuer in jene 49 Stufen vorzudringen, um endgültig das aufzulösen, was unseren Schmerz verursacht, was uns im Elend hält, was die Menschen bedauerlicherweise lieben, was die materialistische Psychologie vergöttlicht, was *Ich* genannt wird und was die Revolution der Dialektik für immer zerstören will, um die integrale Revolution zu erreichen.

Kapitel I

Die Didaktik zur Auflösung des Ichs

Die beste Didaktik für die Auflösung des Ichs findet sich in einem intensiv gelebten praktischen Leben. Das Zusammenleben ist ein wunderbarer Spiegel, worin sich das Ich von Kopf bis Fuß betrachten kann.

In der Beziehung zu unseren Nächsten treten die in der Tiefe des Unterbewusstseins versteckten Defekte spontan zutage, sie springen hervor, weil uns das Unterbewusstsein verrät. Dann, im Zustand alarmbereiter Wahrnehmung sehen wir sie, wie sie wirklich sind.

Die größte Freude für den Gnostiker ist, die Entdeckung eines seiner Defekte zu feiern. Ein entdeckter Defekt ist ein toter Defekt. Wenn wir irgendeinen Defekt erkennen, müssen wir seinen Auftritt sehen, als wären wir im Kino, aber ohne zu richten oder zu verurteilen.

Es ist nicht genug, den entdeckten Defekt intellektuell zu verstehen. Es ist nötig, sich in tiefe innere Meditation zu versenken, um den Defekt auf den anderen Ebenen des Verstandes zu ertappen.

Der Verstand hat viele Ebenen und Tiefen, und solange wir den Defekt nicht in allen Ebenen des Verstandes verstanden haben, haben wir nichts erreicht. Der Defekt wird als versuchender Teufel auf dem Grund unseres Unterbewusstseins weiter existieren.

Wenn ein Defekt gänzlich auf allen Ebenen des Verstandes verstanden worden ist, dann löst er sich in dem Maße auf, wie das Ich, das ihn charakterisiert, aufgelöst und zu kosmischem Staub wird.

So sterben wir langsam von Augenblick zu Augenblick. So errichten wir ein Zentrum permanenten Bewusstseins in uns, einen permanenten Schwerpunkt. Das Buddhata, das innere buddhistische Prinzip, das psychische Material oder Rohmaterial für die Herstellung dessen, was wir Seele nennen, existiert in jedem Menschen, der sich nicht im letzten Zustand der Degeneration befindet.

Das vielfältige Ich verschwendet dieses psychische Material ungeschickt in absurden Atomexplosionen des Neides, der Habgier, des Hasses, der Eifersucht, der Hurerei, der Anhänglichkeit, der Eitelkeit, usw.

In dem Maße, wie das vielfaltige Ich Augenblick um Augenblick stirbt, wird das psychische Material in uns angesammelt und zu einem permanenten Zentrum des Bewusstseins verwandelt. Auf diese Weise individualisieren wir uns allmählich. In dem Maße, wie wir uns desegoisieren, individualisieren wir uns. Jedoch wollen wir klarstellen, dass die Individualität nicht alles ist. Mit dem Ereignis zu Betlehem haben wir in die Überindividualität einzugehen.

Die Auflösung des Ichs ist eine sehr ernste Arbeit. Wir müssen uns im Detail studieren, auf allen Ebenen der Psyche. Das Ich ist ein Buch mit vielen Bänden.

Wir müssen unsere Dialektik, Gedanken, Gefühle, Handlungen von Augenblick zu Augenblick erforschen, ohne zu richten oder zu urteilen. Wir müssen alle und jeden einzelnen unserer Defekte gänzlich verstehen, in allen Tiefen unserer Psyche. Das vielfältige Ich ist das Unterbewusstsein. Wenn wir das Ich auflösen, wird das Unterbewusstsein zum Bewusstsein.

Wir müssen das Unterbewusstsein in Bewusstsein verwandeln, und das ist nur durch die Vernichtung des Ichs möglich. Wenn das Bewusstsein beginnt, den Platz des Unterbewusstseins einzunehmen, erreichen wir das, was stetiges Bewusstsein genannt wird. Wer sich eines stetigen Bewusstseins erfreut, lebt bewusst in jedem Moment, nicht nur in der physischen Welt, sondern auch in den höheren Welten.

Die Menschheit lebt heutzutage zu 97 Prozent unterbewusst, und deshalb schläft sie tief, nicht nur in der physischen Welt, sondern auch in den suprasensitiven Welten, wenn der physische Körper schläft, sowie nach dem Tode. Wir brauchen den Tod des Ichs. Wir müssen von Augenblick zu Augenblick sterben, hier und jetzt, nicht nur in der physischen Welt, sondern auch in allen Ebenen des kosmischen Geistes.

Wir müssen unbarmherzig gegen uns selbst sein und das Ich mit dem fürchterlichen Skalpell der Selbstkritik sezieren.

Der Kampf der Gegensätze

Ein großer Meister sagte einst: *Suche nach Erleuchtung und alles Weitere wird Dir gegeben.*

Der schlimmste Feind der Erleuchtung ist das Ich. Es ist nötig, zu verstehen, dass das Ich ein Knoten im Strom der Existenz ist, eine fatale Blockierung im Strom des freien Lebens und seinen Bewegungen.

Ein Meister wurde einmal gefragt:

»Wo ist der Weg?«

»Was für ein prächtiger Berg!« – sagte er, sich auf den Berg beziehend, wo er sein Heim hatte.

»Ich habe nicht nach dem Berg, sondern nach dem Weg gefragt.«

»Solange Du nicht fähig bist, jenseits des Berges zu gelangen, wirst Du nicht fähig sein, den Weg zu finden« – antwortete der Meister.

Ein anderer Mönch stellte dem Meister dieselbe Frage:

»Er ist hier, direkt vor Deinen Augen! – antwortete der Meister – Warum kann ich ihn nicht sehen?«

»Weil Du selbstsüchtige Gedanken hast!«

»Werde ich fähig sein, ihn zu sehen, Herr?«

»Solange Du eine dualistische Sichtweise hast und sagst: Ich kann nicht, oder ähnliche Dinge, werden deine Augen durch diese relative Sichtweise verdunkelt sein.

»Wenn es weder *Ich* noch *Du* gibt, kann man ihn sehen?«

»Wenn es weder *Ich* noch *Du* gibt, wer will ihn sehen?«

Die Basis des Ichs ist der Dualismus des Geistes. Das Ich nährt sich vom Kampf der Gegensätze.

Alles Denken basiert auf dem Kampf der Gegensätze. Wenn wir sagen: Herr Soundso ist groß, meinen wir, dass er nicht klein ist. Wenn wir sagen: „Ich trete ein“, meinen wir, dass wir nicht hinausgehen. Wenn wir sagen: „Ich bin glücklich“, meinen wir, dass wir nicht traurig sind, usw.

Die Probleme des Lebens sind nichts als mentale Formen mit zwei Polen: einem Positiven und einem Negativen. Die Probleme werden durch den Verstand erschaffen und erhalten. Wenn wir aufhören, über ein Problem nachzudenken, verschwindet es unvermeidlich. Freude und Traurigkeit, Vergnügen und Kummer, Gut und Böse, Triumph und Niederlage schaffen den Kampf der Gegensätze, auf denen das Ich basiert.

Wir leben unser ganzes Leben jämmerlich von einem Gegensatz zum anderen: Triumph - Niederlage, Sympathie - Antipathie, Vergnügen - Schmerz, Versagen - Erfolg, dieses - jenes, usw ...

Wir müssen uns selbst von der Tyrannei der Gegensätze befreien. Dies zu lernen, ist die einzige Möglichkeit, von Augenblick zu Augenblick zu leben, ohne Abstraktionen irgendwelcher Art, ohne Träume, ohne

Fantasien. Habt Ihr jemals beobachtet, wie die Steine am Wegrand nach einem sintflutartigen Regen hell und rein aussehen? Man kann nur ein "Oh!" der Bewunderung von sich geben. Wir müssen dieses "Oh!" der Dinge verstehen, ohne diesen göttlichen Ausruf durch den Kampf der Gegensätze zu entstellen.

Joshu fragte den Meister Nansen:

»Was ist das Tao?«

»Das gewöhnliche Leben! - antwortete Nansen.«

»Wie kann man in Übereinstimmung mit ihm leben?«

»Wenn Du versuchst, in Übereinstimmung mit ihm zu leben, wird es vor Dir fliehen. Versuche nicht dieses Lied zu singen, lass es sich selbst singen. Kommt etwa der gewöhnliche Schluckauf nicht auch von selbst?«

Erinnert euch dieses Satzes: „Die Gnosis lebt man in Taten, sie verdorrt in Abstraktionen und ist selbst in den erhabensten Gedanken nur schwer zu finden.“

Meister Bokujo wurde gefragt:

»Müssen wir jeden Tag essen und uns kleiden? Wie können wir all dem entfliehen?«

Der Meister antwortete:

»Wir essen, wir kleiden uns ...«

»Ich verstehe nicht, sagte der Jünger.«

»Dann kleide Dich und iss - sagte der Meister.«

Dies ist genau das Handeln frei von Gegensätzen. Essen wir? Kleiden wir uns? Warum machen wir daraus ein Problem? Warum denken wir an andere Dinge, während wir essen und uns kleiden?

Wenn Du isst, dann iss, und wenn Du Dich kleidest, kleide Dich; und wenn Du die Straße entlang läufst, dann laufe, laufe, laufe, aber denke nicht an andere Dinge. Tue ausschließlich das, was Du tust, laufe nicht vor dem davon, was Du tust, laufe nicht vor den Tatsachen davon, fülle sie nicht mit Bedeutung, Symbolen, Predigten und Warnungen. Lebe sie ohne Allegorien, lebe sie von Augenblick zu Augenblick mit einem aufnehmenden Geist.

Versteht, dass ich zu Euch vom Pfad des Handelns spreche, frei von den schmerzlichen Kämpfen der Gegensätze. Handeln ohne Ablenkung, ohne Ausflüchte, ohne Fantasien, ohne Abstraktionen irgendeiner Art.

Ändern Sie Ihren Charakter, lieber Leser, ändern Sie ihn durch intelligentes Handeln, frei vom Kampf der Gegensätze. Das Organ der Intuition erwacht, wenn sich die Tore der Fantasie schließen.

Das Handeln, frei vom Kampf der Gegensätze, ist intuitives Handeln, ist vollkommenes Handeln. Wo Vollkommenheit ist, ist das Ich abwesend.

Intuitives Handeln führt uns an der Hand zum Erwachen des Bewusstseins. Lasst uns arbeiten und glücklich ausruhen, indem wir uns vom Lauf des Lebens treiben lassen. Lasst uns das schlammige und verfaulte Wasser des üblichen Denkens trockenlegen, weil in der Leere die Gnosis fließen kann und mit ihr die Freude des Lebens.

Dieses intelligente Handeln, befreit vom Kampf der Gegensätze, erhebt uns zu einem Punkt, an dem etwas brechen muss. Wenn alles in Ordnung ist, wird das starre Dach des Denkens aufgebrochen und das Licht und die Kraft des Intimus strömt in den Geist, der aufgehört hat, zu träumen. Dann können wir, während des Traumes des materiellen Körpers, sowohl innerhalb wie auch außerhalb der physischen Welt in völligem Bewusstsein und in völliger Erleuchtung leben und uns am Glück des Lebens in den höheren Welten erfreuen.

Diese Disziplin, diese kontinuierliche Spannung des Geistes, führt uns zum Erwachen des Bewusstseins. Wenn wir essen und an Geschäfte denken, ist es klar, dass wir träumen. Wenn wir mit dem Auto fahren und an unsere Freundin denken, ist es klar, dass wir nicht wach sind, wir träumen. Wenn wir arbeiten und uns an unseren Freund oder Bruder erinnern, ist es klar, dass wir träumen.

Die Leute, die träumen, während sie in der physischen Welt leben, träumen auch immer während des Lebens in den inneren Welten, in den Stunden, wenn der physische Körper schläft. Wir müssen aufhören, in den inneren Welten zu träumen. Wenn wir in der physischen Welt zu träumen aufhören, erwachen wir, hier und jetzt, und dieses Erwachen erscheint auch in den inneren Welten.

Sucht zuerst Erleuchtung, und alles andere wird Euch gegeben. Wer erleuchtet ist, sieht den Weg, wer nicht erleuchtet ist, kann den Weg nicht sehen, er geht leicht verloren und fällt in den Abgrund. Die Anstrengung und die Wachsamkeit, die man Sekunde für Sekunde benötigt, Moment für Moment, um nicht in Träume zu verfallen, ist furchtbar. Nur eine Minute der Unachtsamkeit und schon träumt der Geist, wenn er sich an etwas erinnert, wenn er an etwas anderes denkt als an die Arbeit oder an den Umstand, den er gerade im Augenblick erlebt.

Wenn wir lernen, in der physischen Welt von einem Moment zum nächsten bewusst zu sein, werden wir in den inneren Welten, während dem Schlaf des physischen Körpers und auch nach dem Tod, in wachem Zustand leben, und von Augenblick zu Augenblick vollkommen bewusst sein.

Es ist schmerzhaft zu wissen, dass das Bewusstsein aller Menschen tief schläft und träumt, nicht nur im Zustand des physischen Schlafes, sondern auch in jenem Zustand, der ironischerweise als Wachsein bezeichnet wird.

Das Handeln, frei von mentalem Dualismus, bewirkt das Erwachen des Bewusstseins.

Der K-M

Ich muss vor dem feierlichen Urteilsspruch der öffentlichen Meinung erklären, dass das grundlegende Ziel jedes gnostischen Schülers darin besteht, die Verwandlung in einen K-M zu erreichen, in einen Kosmos-Menschen.

Alle menschlichen Wesen leben in einem Kosmos. Das Wort Kosmos bedeutet Ordnung und das ist etwas, das wir niemals vergessen dürfen.

Der Kosmos-Mensch ist ein Wesen mit einer perfekten Ordnung in seinen fünf Zentren, in seinem Geist und in seiner Essenz.

Um ein Kosmos-Mensch werden zu können, ist es notwendig, dass man lernt zu erkennen, wie sich die drei grundlegenden Kräfte des Universums - die positive, die negative und die neutrale Kraft - manifestieren.

Aber auf dem Weg zum Kosmos-Menschen, der vollkommen positiv ist, sehen wir, dass sich jeder positiven Kraft stets eine negative entgegenstellt.

Durch Selbstbeobachtung müssen wir den Mechanismus der Gegenkraft erkennen.

Wenn wir uns vornehmen, eine bestimmte Handlung auszuführen, sei es die Ausmerzung eines Ichs, das Beherrschen der Sexualität, eine bestimmte Arbeit oder ein bestimmtes Programm durchzuführen, dann müssen wir die Kraft des Widerstandes beobachten und kalkulieren; denn von Natur aus zielt die Welt und ihre Mechanik darauf ab, einen Widerstand hervorzurufen, und dieser ist doppelt so groß.

Je gigantischer das Unternehmen, desto größer wird der Widerstand sein. Wenn wir lernen, den Widerstand zu kalkulieren, können wir auch das Unternehmen erfolgreich abwickeln. Hierin liegt die Fähigkeit des Genius, des Erleuchteten.

Der Widerstand

Der Widerstand ist die Gegenkraft. Der Widerstand ist die geheime Waffe des Ichs. Der Widerstand ist die psychische Kraft des Ichs, die sich der Bewusstwerdung all unserer psychologischen Fehler entgegensetzt.

Mithilfe des Widerstandes neigt das Ich dazu, sich zu drücken und sucht nach Entschuldigungen, um seine Fehler zu verschweigen oder zu verschleiern.

Aufgrund des Widerstandes ist es schwierig, die Träume zu interpretieren und das Wissen, das man von sich selbst erlangen möchte, verdunkelt sich.

Der Widerstand arbeitet mithilfe einer Verteidigung, die versucht, unangenehme psychologische Fehler zu verbergen, damit man sich ihrer nicht bewusst wird und in psychologischer Sklaverei verharrt.

Aber ich muss sagen, die Wirklichkeit ist, dass es Mechanismen gibt, um den Widerstand zu überwinden. Und diese sind:

1. Ihn zu bemerken
2. Ihn zu definieren
3. Ihn zu verstehen
4. Ihn zu bearbeiten
5. Ihn zu besiegen und auszumerzen mithilfe der sexuellen Superdynamik.

Das Ich jedoch wird während der Analyse des Widerstandes kämpfen, um zu vermeiden, dass sein Betrug erkannt wird. Diese Analyse bringt die Herrschaft, die es über unseren Verstand hat, in Gefahr.

Während des Kampfes gegen das Ich muss man eine höhere Kraft als die unseres Verstandes anrufen, das Feuer der Kundalinischlange bei den Hindus.

Die Praxis

Mit der Praxis, dem Experimentieren oder Leben von jedem dieser Werke, die ich der Menschheit gegeben habe, wird der Praktikant, das ist offensichtlich, die psychologische Selbstständigkeit erlangen.

Es gibt Leute, die ausgezeichnet über Reinkarnation, Atlantis, Alchemie, das *Ich* und Astralreisen sprechen; und vor der äußeren Welt sind sie Experten auf diesen Gebieten, aber das ist nur ein intellektuelles Informiertsein.

Im Grunde wissen diese Leute nichts, und in der Stunde des Todes verbleiben diese Zurschausteller mit nichts weiter als ihrem im Gedächtnis angehäuften Wissen, welches im Jenseits nutzlos ist, denn ihr Bewusstsein schläft weiterhin.

Wenn jemand nur in Theorien eingekapselt ist, wenn er nichts praktisch realisiert hat, wenn er sich nichts von dem bewusst gemacht hat, was ich in den Büchern gelehrt habe, wenn wir das Wissen in der Erinnerung speichern, kann man sagen, dass wir unsere Zeit elendig vergeudet haben.

Die Erinnerung ist das formende Prinzip des intellektuellen Zentrums. Wenn jemand nach mehr strebt, wenn jemand über die Grenzen des Unterbewusstseins hinausschaut und all das, was er in der Erinnerung angesammelt hat, sieht und analysiert, wenn er über die letzten Ereignisse oder die Lehren eines esoterischen Buches meditiert, dann werden diese Werte auf die emotionale Ebene desselben intellektuellen Zentrums übertragen.

Wenn eine Person die tiefe Bedeutung dieses Wissens verstehen möchte, und diese Person sich in Meditation begibt, gelangt dieses Wissen von selbst in das eigentliche emotionale Zentrum und wird in der Tiefe der Seele erfühlt.

Hat man dieses Wissen – die Erkenntiswerte der Essenz – in Reinheit gelebt, wird es dann, zuletzt, im Bewusstsein gespeichert und dort geht es niemals verloren. Die Essenz wird von ihm bereichert. Jetzt können wir verstehen, wie man sich die gnostischen Erkenntnisse bewusst macht, die ich in den Büchern dargelegt habe. In jenen, welche ich zuvor geschrieben habe, und natürlich auch in diesem.

Die Meditation ist wunderbar, um sich der gnostischen Erkenntnisse bewusst zu werden. Begehen wir aber nicht den Fehler, die Erkenntnisse ausschließlich als Theorien zu sehen oder nur im Gedächtnis zu belassen. Denn wenn wir so verfahren, werden wir niemals die Herrschaft über den Verstand erlangen.

Die Voraussetzung

Die rohe Realität der Tatsachen zeigt uns, dass es viele sind, die die Transzendenz der esoterischen gnostischen Arbeit nicht begriffen haben, und dass eine große Mehrheit kein guter Hausherr ist.

Wenn man kein guter Hausherr ist, ist es klar, dass man nicht bereit sein wird, den Pfad auf des Messers Schneide zu beschreiten. Um mit der Revolution der Dialektik zu arbeiten, muss man das Niveau des guten Hausherrn erreicht haben.

Ein fanatischer, launischer, eigensinniger Typ taugt nicht für die integrale Revolution. Ein Subjekt, das nicht den Pflichten in seinem Heim nachkommt, kann nicht die große Veränderung erreichen.

Eine Person, die ein schlechter Vater, eine schlechte Ehefrau oder ein schlechter Ehemann ist, eine Person, die ihr Heim für irgendeinen anderen Mann oder eine andere Frau verlässt, wird nie eine radikale Transformation erreichen können.

Der Eckstein der revolutionären Psychologie befindet sich in der Voraussetzung, ein perfektes Gleichgewicht in seinem Heim zu haben, also ein guter Ehemann, ein guter Vater, eine gute Schwester und ein guter Sohn zu sein.

Ein perfektes Erfüllen seiner Pflichten, die man gegenüber der leidenden Menschheit hat. Sich in eine anständige Person verwandeln.

Wer diese Voraussetzungen nicht erfüllt, wird in der Praxis dieser revolutionären Studien nie vorankommen.

Der Defätismus

Das intellektuelle Tier, fälschlicherweise Mensch genannt, hat die fixe Idee, dass die völlige Zerstörung des Egos, die absolute Beherrschung der Sexualität und die innere Selbstverwirklichung des Seins, etwas Fantastisches und Unmögliches ist.

Außerdem legt er keine Rechenschaft darüber ab, dass diese Art, so subjektiv zu denken, das Ergebnis schwarzseherischer psychologischer Elemente ist, die den Verstand und den Körper jener manipulieren, die das Bewusstsein nicht erweckt haben.

Die Leute dieser hinfälligen und degenerierten Epoche tragen in ihrem Inneren ein psychisches Aggregat, das ein großes Hindernis auf dem Weg der Zerstörung des Egos ist, und das ist der Defätismus!

Die defätistischen Gedanken machen die Personen unfähig, sich aus ihrem mechanischen Leben auf ein höheres Niveau zu erheben. Die Mehrheit der Personen betrachtet sich als besiegt, noch bevor sie den Kampf oder die esoterische gnostische Arbeit überhaupt begonnen hat.

Man muss sich Selbstbeobachten und Selbstanalysieren, um in seinem Inneren, hier und jetzt, diese Facetten zu entdecken, die das hervorbringen, was sich Defätismus nennt.

Zusammengefasst sagen wir, dass drei allgemeine defätistische Einstellungen bestehen:

1) Sich unfähig fühlen wegen eines Mangels an intellektueller Erziehung;

2) Sich nicht fähig fühlen, die radikale Verwandlung zu beginnen;

3) Ständig das psychologische Lied wiederholen: Nie habe ich Gelegenheiten, mich zu ändern oder zu triumphieren.

Erste Einstellung:

Bezüglich des Gefühls der Unfähigkeit wegen mangelnder Erziehung müssen wir uns daran erinnern, dass all die großen Weisen wie Hermes Trismegistos, Paracelsus, Platon, Sokrates, Jesus der Christus, Homer usw., niemals an der Universität gewesen sind, weil in Wahrheit eigentlich jede Person ihren eigenen Meister hat, welcher das Sein ist, was jenseits von Verstand und falschem Rationalismus liegt. Man verwechsle nicht Erziehung mit Weisheit und Kenntnis.

Die spezifische Kenntnis der Mysterien des Lebens, des Kosmos und der Natur ist eine außerordentliche Kraft, die uns erlaubt, die integrale Revolution zu erreichen.

Zweite Einstellung:

Die vom Antichristen – der materialistischen Wissenschaft – programmierten Roboter fühlen sich benachteiligt, weil sie sich nicht fähig fühlen, und das müssen wir analysieren. Das intellektuelle Tier, durch Einfluss einer falschen akademischen Erziehung, die die Werte des Seins verfälscht, hat es vollbracht, dass im Verstand der Sinne zwei fürchterliche Ichs existieren, die man eliminieren muss: die fixe Idee „Ich werde verlieren!" und die Faulheit, die gnostischen Techniken zu praktizieren, um das Wissen zu erlangen, das notwendig ist, um uns von jeglicher Mechanisierung zu befreien und ein für alle Mal aus dieser defätistischen Tendenz herauszukommen.

Dritte Einstellung:

Das Denken der Maschine Mensch ist: Mir wird nie eine Gelegenheit gegeben!

Die Szenen der Existenz können verändert werden. Man schafft sich selbst die eigenen Umstände. Alles ist das Resultat des Gesetzes von Ursache und Wirkung, jedoch mit der Möglichkeit, dass ein höheres Gesetz ein niedrigeres Gesetz transzendiert. Die Eliminierung des Ichs des Defätismus ist dringend, notwendig und unaufschiebbar. Es ist nicht die Menge an Theorien, die zählt, es ist die Menge an außerordentlichen Anstrengungen, die man für die Arbeit der Revolution des Bewusstseins aufwendet! Der wahre Mensch erschafft die geeigneten Momente für seinen spirituellen oder psychologischen Fortschritt zu dem Zeitpunkt, zu dem er es wünscht.

Die Psycho-Astrologie

Mit brennenden Kohlen wurde in das Buch des Lebens geschrieben: dass jeder, dem die völlige Beseitigung des Egos gelingt, es erreichen kann, aus eigenem Willen das Tierkreiszeichen und seine Einflüsse zu verändern.

Im Namen der Wahrheit muss ich erklären, dass das, was sich in meinem Inneren befindet, das Tierkreiszeichen nach eigenem Willen geändert hat. Das Zeichen meiner früheren Persönlichkeit war Fisch, jetzt bin ich Wassermann, ein fürchterlich revolutionäres Zeichen.

Wir können nicht leugnen, dass die Einflüsse der Tierkreiszeichen existieren und uns solange manipulieren, bis man in sich selbst eine psychologische Revolution durchgeführt hat. Aber der Weg eines jeden nach Erleuchtung trachtenden Studenten erfordert, dass man beginnen muss, sich gegen das, was die Horoskope festlegen, aufzulehnen.

Dass ein Zeichen sich nicht mit einem anderen verträgt, ist völlig absurd, denn das, was sich nicht verträgt, sind die Egos, die Ichs, diese unerwünschten Elemente, die wir in uns tragen.

Die Astrologie dieser Endzeit ist zu nichts nutze, da sie reine Geschäftemacherei ist. Die wahre Astrologie der chaldäischen Weisen wurde vergessen. Die Maschinen-Menschen wollen sich nicht ändern, weil sie sagen: Das ist mein Sternzeichen, das ist der Einfluss meines Tierkreiszeichens usw. Ich werde niemals müde werden, zu betonen, dass es das Wichtigste ist, sich emotional wie mental zu verändern.

Man muss sich mental verändern, damit die authentischen Kräfte des Tierkreises hervortreten und sich in uns manifestieren, die Kräfte, die vom Sein ausgehen, von der Milchstraße und uns ein ständiges Schwerpunktzentrum geben.

Das Licht darf man nicht in den Horoskopen suchen, das Licht taucht auf, wenn wir den eigenen psychologischen Charakterzug beseitigt haben, und wenn wir einen neuen Weinschlauch geschaffen haben – den Verstand – um darin die Lehren der Psycho-Astrologie aufzunehmen, die ich in meinem Werk „Lauf der Tierkreiszeichen" gelehrt habe.

Das Sein und die göttliche Mutter sind die Einzigen, die uns von den Horoskopen der Zeitungen und billigen Zeitschriften befreien können und uns so die integrale Erziehung geben.

Man muss den Staub der Jahrhunderte abschütteln, all unsere ranzigen Gewohnheiten und Glaubenssätze aufgeben und aus der fanatischen Astrologie herausfinden. Bezüglich der Einstellung: *Das ist nun mal der Einfluss meines Tierkreiszeichens, und daran ist nichts zu ändern!*, ist zu sagen, dass diese Art, so subjektiv zu denken, ein Ablenkungs-Sophismus des Egos ist.

Die Rhetorik des Egos

Wenn wir genau den *dreihirnigen Zweifüßler*, genannt Mensch analysieren, kommen wir zu der logischen Schlussfolgerung, dass er noch kein fortdauerndes Bewusstseinszentrum besitzt. Wir können nicht mit Sicherheit behaupten, dass die menschlichen Zweifüßler individualisiert sind. Wir sind vielmehr sicher, dass sie *instinktiviert* sind. Dies bedeutet, dass er lediglich durch Impulse der Ichs angetrieben wird, die je nach Laune das Instinktivzentrum manipulieren.

Das geliebte *Ich* hat überhaupt keine Individualität. Es ist ein Bündel von Uneinigkeit, eine Anhäufung kleiner losgelöster Kathexen, psychische, egoische Energien.

Jedes der kleinen *Ichs*, welche die Legion des sogenannten Egos ausmachen, hat in Wirklichkeit sein eigenes persönliches Kriterium, seine eigenen Vorstellungen, seine eigenen Ideen und seine eigene Rhetorik.

Die Rhetorik des Egos ist die Kunst, gut und elegant zu sprechen, auf eine so subtile Art und Weise, dass wir uns nicht über den Moment im Klaren sind, in dem wir schon in den Irrtum verfallen sind. Die Rhetorik des Egos ist so unterschwellig, dass sie unser Bewusstsein eingeschlafen hält, ohne dass wir dies bemerken.

Wir sehen, wie das Ego mit seiner Rhetorik die Völker zu einem Wettrüsten veranlasst hat: *Der Umfang des Kriegshandels - Flugzeuge, Panzer, Kriegsfahrzeuge - hat sich zwischen 1973 und 1976 in den Ländern der Dritten Welt verdoppelt, sodass auch der Gesamtimport dieser Länder um das Doppelte gestiegen ist.* Das Kuriose hierbei ist, dass in einer Zeit, in der man über Abrüstung und Frieden spricht, die Länder, die sich in einer anscheinenden Entwicklung befinden, mithilfe der anscheinend industrialisierten Länder ihre Fähigkeit zu Zerstörung erhöhen. Und dieses, fragt man sich, soll der adäquate Weg zu Abrüstung und Weltfrieden sein? Ganz im Gegenteil, es ist die Rhetorik des Egos! Während die menschlichen Zweibeiner fasziniert den Erfindungen und anscheinenden Wundern des Antichristen – der materialistischen Wissenschaft – folgen, sind seit 1973 bis zum heutigen Tag (1976) in Äthiopien 200.000 Menschen an Hunger gestorben. Ist das Zivilisation? Das ist die Rhetorik des Egos ...

Der menschliche Zweibeiner will nur in seiner eigenen kleinen Welt leben, die zu nichts gut ist. Die materialistische Psychologie, Experimentalpsychologie, ist ebenfalls zu nichts zu gebrauchen. Der Beweis dafür ist, dass sie die mentalen Probleme, die das Volk von Amerika befallen, nicht lösen konnte; so vermehren sich überall in großen Städten Amerikas die sogenannten Banden.

Wie wir sehen, existieren in New York *die Schmutzigen*, eine Gruppe, deren Mitglieder, ungefähr 30-Jährige, schmutzige Kleidung und Lederstiefel tragen. Sie versammeln sich auf den Dächern der Häuser und fühlen sich stolz, dass man sie als gute Billardspieler ansieht. *Die unbekannten Radfahrer*, ebenfalls mehr oder weniger im gleichen Alter, kleiden sich nach der Art der *Hells Angels* und tragen Lederkittel mit breiten Reißverschlüssen. Ihre Fahrräder sind alte Schwinn, an die sie lange Gabeln montiert haben, um ihnen das Aussehen von Motorrädern zu verleihen.

Die Gewalt ist ein akzeptierter Teil des Lebens eines jeden der Tausenden von Mitgliedern und Banden, die in diesem Land existieren und die leider von den menschlichen Zweibeinern anderer Länder imitiert werden. Ist das psychologische Befreiung? Falsch, es ist die Rhetorik des Egos, die alle betrügt. Nur indem sie die Lehre, die ich in dieser authentischen Abhandlung über revolutionäre Psychologie darbiete, praktisch leben, können sich die menschlichen Zweibeiner von der Rhetorik des Egos befreien.

Das fortdauernde Bewusstseinszentrum

Die dreigehirnigen Zweibeiner besitzen keinerlei Individualität, sie besitzen kein fortdauerndes Bewusstseinszentrum – FBZ. Jeder ihrer Gedanken, ihre Gefühle und Handlungen hängen vom Unheil des Ichs ab, das im jeweiligen Moment die Hauptzentren der menschlichen Maschine kontrolliert.

Alle, die wir während vieler Jahre voller Opfer und Schmerz für die gnostische Bewegung gekämpft haben, konnten in der Praxis schreckliche Dinge sehen. Viele schwören mit Tränen in den Augen, bis ans Ende ihrer Tage für die Gnosis zu arbeiten. Sie gelobten dem großen Werk ewige Treue und hielten ungeheure Reden. Und? Was ist aus ihren Blutstränen geworden, was aus ihren fürchterlichen Schwüren? Alles war vergeblich, nur das vergängliche Ich eines Momentes schwor, aber wenn dieses Ich, welches Treue geschworen hat, von einem anderen verdrängt wurde, trennte sich das Subjekt von der Gnosis, verriet das große Werk oder es ging zu anderen kleinen Schulen über und verriet die gnostischen Institutionen.

Wirklich, das menschliche Wesen kann, weil in ihm kein FBZ existiert, keine Kontinuität in seinen Vorsätzen haben, es ist kein Individuum und besitzt ein Ich, das die Summe vieler kleiner *Ichs* ist.

Es sind viele, die mit dem Tod des physischen Körpers die ewige Glückseligkeit erwarten, der Tod des Körpers jedoch löst das Problem des *Ichs* nicht. Nach dem Tod lebt die losgelöste Kathexis, das Ego, in seinen molekularen Körper eingehüllt, weiter.

Der menschliche Zweibeiner endet, die losgelöste Kathexis, die Energie des Egos, besteht aber in seinem molekularen Körper weiter, und viel später verewigt sich dort das Ego in unseren Nachkommen, kehrt wieder, um seine Wünsche zu befriedigen und fortzufahren mit den gleichen Tragödien.

Es ist die Stunde gekommen, um die Notwendigkeit zu verstehen, in uns eine integrale Revolution zu erzeugen, um das FBZ, ein fortdauerndes Bewusstseinszentrum zu errichten; nur so können wir uns individualisieren, nur so hören wir auf, Legion zu sein, nur so verwandeln wir uns in bewusste Individuen.

Der heutige Mensch ähnelt einem Schiff voller Passagiere; jeder Passagier hat seine eigenen Pläne und Projekte. Der heutige Mensch hat nicht nur einen Verstand, er hat viele, jedes *Ich* hat seinen eigenen Verstand.

Glücklicherweise existiert im menschlichen Zweibeiner noch etwas anderes, es existiert die Essenz.

Denken wir ernsthaft über das erwähnte Prinzip nach, können wir daraus schließen, dass dies das erhabenste psychische Material ist, mit dem wir unserer Seele Form geben können.

Indem wir die Essenz erwecken, erschaffen wir Seele. Die Essenz erwecken heißt, das Bewusstsein erwecken. Bewusstsein erwecken ist gleichbedeutend damit, ein FBZ in uns zu erschaffen.

Nur wer Bewusstsein erweckt, wandelt sich in ein Individuum, aber das Individuum ist nicht das Ende, viel später müssen wir die Überindividualität erreichen.

Überindividualität

Wir müssen uns vom *Ich* befreien, um uns zu individualisieren und sogleich zu überindividualisieren. Wir müssen das Ich auflösen, um das FBZ zu erreichen, das wir im vorangegangenen Kapitel studiert haben. Das vielfältige Ich vergeudet das psychische Material in atomaren Explosionen von Zorn, Habsucht, Lüsternheit, Neid, Stolz, Faulheit, Gefräßigkeit, usw. Stirbt das Ich, sammelt sich das psychische Material in unserem Innersten an und verwandelt sich in das FBZ. Bis zum heutigen Tag ist der Mensch, oder sagen wir besser, der Zweibeiner, der sich selbst als „Mensch" bezeichnet, tatsächlich eine von der Legion des Ichs kontrollierte Maschine.

Betrachten wir einmal die Tragödie der Verliebten. Wie viele Schwüre? Wie viele Tränen? Wie viele gute Absichten? Und? Von all dem bleibt nichts als die traurige Erinnerung. Sie heiraten, die Zeit vergeht, der Mann verliebt sich in eine andere Frau, oder die Ehefrau verliebt sich in einen anderen Mann und das Kartenhaus fällt zusammen. Warum? Weil das menschliche Wesen noch kein FBZ hat.

Das kleine Ich, das heute ewige Liebe schwört, wird morgen durch ein anderes kleines Ich ersetzt, das nichts mit dem besagten Schwur zu tun hat. Das ist alles. Wir müssen uns in Individuen verwandeln, und das ist nur möglich, wenn wir ein FBZ schaffen. Wir müssen ein FBZ erschaffen und dies ist nur möglich, indem wir das vielfältige *Ich* auflösen.

All die innersten Widersprüche des menschlichen Wesens wären ausreichend, um jeden, der sie in einem Spiegel sehen könnte, verrückt zu machen; die Quelle solcher Widersprüche ist die Pluralität des Ichs. Wer das Ich auflösen will, muss anfangen, seine innersten Widersprüche kennenzulernen; unglücklicherweise lieben es die Leute, sich selbst zu betrügen, um ihre eigenen Widersprüche nicht zu sehen.

Wer das Ich auflösen will, muss anfangen, nicht verlogen zu sein. Alle Menschen belügen sich selbst, die ganze Welt belügt sich selbst. Wenn wir die Pluralität des Ichs und unsere ewig währenden Widersprüche kennenlernen wollen, dürfen wir uns nicht selbst betrügen. Die Leute betrügen sich selbst, um ihre inneren Widersprüche nicht zu sehen.

Jeder, der seine innersten Widersprüche entdeckt, fühlt mit gutem Recht Scham über sich selbst, versteht, dass er nichts ist, dass er ein

Unglücklicher ist, ein elender Wurm der Erde. Unsere innersten Widersprüche zu entdecken, ist schon ein Erfolg, weil unser inneres Urteil sich spontan befreit und uns erlaubt, voller Klarheit den Weg der Individualität und der Überindividualität zu sehen.

Das integrale Wohlbefinden -I-

Wir brauchen das integrale Wohlbefinden. Wir alle leiden, haben Kummer im Leben und wollen uns ändern.

Auf jeden Fall, so denke ich, ist das integrale Wohlbefinden das Ergebnis des Selbstrespekts. Das könnte für einen Ökonomen, einen Theosophen usw., ziemlich eigenartig erscheinen.

Was hat der Selbst-Respekt mit der finanziellen Frage zu tun? Mit den Problemen, die verbunden sind mit der Arbeit oder mit der Arbeitskraft, mit dem Kapital usw.?

Dazu will ich Folgendes bemerken: Das Niveau des Seins zieht unser eigenes Leben an ... Wir lebten in einem sehr schönen Haus in der Stadt Mexiko. Hinter diesem Haus gab es ein großes Grundstück, das leer war. An irgendeinem Tag drang eine Gruppe von Fallschirmspringern, wie wir sie nennen, in dieses Grundstück ein. Sofort bauten sie ihre Hütten aus Karton und ließen sich nieder. Zweifellos zeigten sie sich innerhalb der Siedlung als etwas Schmutziges. Ich will sie nicht unterbewerten, aber wenn ihre Kartonhütten wirklich sauber gewesen wären, hätte ich nichts dagegen einzuwenden gehabt. Unglücklicherweise gab es unter diesen Menschen eine entsetzliche Unsauberkeit.

Ich beobachtete von der Terrasse des Hauses aus sorgfältig das Leben dieser Personen. Sie beschimpften sich, sie verletzten sich selbst, respektierten ihre Mitmenschen nicht; kurz: Ihr Leben war haarsträubend, voller Elend und Abscheu.

Während man früher in der Gegend keine Polizeipatrouillen sah, so kamen sie jetzt immer, um die Siedlung zu besuchen. Wenn früher diese Siedlung friedlich war, danach hat sie sich in eine Hölle verwandelt.

Auf diese Weise konnte ich beweisen, dass das Niveau des Seins unser Leben ausmacht, das ist offensichtlich. Nehmen wir an, einer dieser Bewohner würde von heute auf morgen beschließen, sich selbst zu respektieren und die anderen zu respektieren, ganz sicher würde er sich ändern.

Was versteht man darunter, sich selbst zu respektieren? Keine Verbrechen zu begehen, nicht zu stehlen, nicht zu huren, die Ehe nicht zu brechen, das Wohlbefinden des Nächsten nicht zu beneiden, demütig und einfach zu sein, die Faulheit aufzugeben und sich in eine aktive, saubere, anständige Person zu wandeln, usw.

Wenn ein Bürger sich selbst respektiert, ändert er sein Niveau des Seins und dadurch, dass er das Niveau des Seins ändert, zieht er zweifelsohne neue Umstände an, weil er mit anständigeren Leuten in Verbindung kommt, mit anderen Personen, und möglicherweise bewirkt diese Veränderung der Beziehungen eine ökonomische und soziale Veränderung in seiner Existenz. So würde sich das, was ich gesagt habe, erfüllen, nämlich dass der integrale Selbst-Respekt das soziale und ökonomische Wohlbefinden hervorrufen wird. Wenn jedoch jemand sich nicht selbst zu respektieren weiß, wird er seine Mitmenschen ebenso wenig respektieren und sich selbst zu einem unglücklichen und unseligen Leben verurteilen.

Das Prinzip des integralen Wohlbefindens ist im Selbst-Respekt begründet.

Die Selbst-Spiegelung -II-

Wir dürfen nicht vergessen, dass das Äußere nur eine Spiegelung des Inneren ist, das sagte schon Emmanuel Kant, der Philosoph aus Königsberg. Wenn wir die „Kritik der reinen Vernunft“ sorgfältig studieren, werden wir gewiss entdecken, dass das Äußere das Innere ist, wortwörtlich nach einem der größten Denker aller Zeiten.

Das äußere Bild des Menschen und die Umstände, die ihn umgeben, sind das Resultat des Selbst-Bildes. Wir alle haben ein Selbst-Bild; dieses zusammengesetzte Wort *Selbst* und *Bild* ist von tiefer Bedeutung.

Gerade in diesem Moment kommt mir jene Fotografie von Jakob in den Sinn. Wir machten eine Fotografie von unserem Freund Jakob, und eigenartigerweise erscheint Jakob darauf zweimal: der eine sehr ruhig, in aufrechter Haltung, mit dem Gesicht nach vorne; der andere erscheint vor ihm, gehend, mit einem anderen Gesichtsausdruck usw. Wie ist es möglich, dass in einer Fotografie Jakob zweimal erscheint? Ich glaube, dass es der Mühe wert ist, dieses Foto zu vergrößern, weil es dazu dienen kann, es allen an diesen Studien Interessierten zu zeigen.

Ich denke, dass der zweite Jakob die Selbst-Spiegelung des ersten Jakobs ist, das ist offensichtlich; denn geschrieben steht, dass das äußere Bild des Menschen und seine Lebensumstände das Ergebnis des Selbst-Bildes sind.

Ebenso steht geschrieben, dass das Äußere nur eine Spiegelung des Inneren ist. Das heißt, wenn wir uns nicht respektieren, wenn das innere Bild von uns selbst allzu armselig ist, wenn wir voller psychologischer Fehler, voller moralischer Gebrechen sind, werden in der äußeren Welt zweifelsohne unangenehme Ereignisse auftauchen, wie finanzielle, soziale Schwierigkeiten usw.

Wir dürfen nicht vergessen, dass das äußere Bild des Menschen und seine Lebensumstände das Ergebnis des Selbst-Bildes sind. Alle haben wir ein Selbst-Bild, nach außen existiert das physische Bild, das fotografiert werden kann, innen jedoch haben wir ein anderes Bild. Um das besser zu erläutern, sagen wir, dass wir außen das physische und sinnliche Bild haben, und innen ein Bild psychologischer und übersinnlicher Art.

Wenn wir außen ein armseliges und elendes Bild haben, und wenn dieses Bild von unangenehmen Umständen begleitet ist, einer schwierigen finanziellen Lage, Problemen aller Art, Konflikten, sei es zu Hause, in der Arbeit, auf der Straße usw., so ist es einfach darauf zurückzuführen, dass unser psychologisches Bild armselig, fehlerhaft und haarsträubend ist. Und in der Außenwelt spiegeln wir unser Elend, unsere Nichtigkeit, das, was wir sind.

Wenn wir uns verändern wollen, brauchen wir eine vollständige und großartige Veränderung. Bild, Werte und Identität müssen sich radikal ändern.

In verschiedenen meiner Werke habe ich gesagt, dass jeder von uns ein mathematischer Punkt im Raum ist und als Vehikel für eine bestimmte Summe von Werten dient. Einige dienen als Fahrzeug für geniale Werte, andere können als Fahrzeug für mittelmäßige Werte dienen; deshalb ist jeder das, was er ist. Der größte Teil der menschlichen Wesen dient als Fahrzeug für Werte des Egos, des Ichs. Diese Werte können optimal oder negativ sein. So also sind Werte und Identität eine einzige Einheit.

Ich sage, dass wir eine radikale Umwandlung durchleben müssen, und betone, dass Identität, Werte und Bild vollständig verändert werden müssen.

Wir brauchen eine neue Identität, neue Werte und ein neues Bild, das ist psychologische Revolution, innere Revolution. Es ist absurd, innerhalb des Teufelskreises, in dem wir uns im Augenblick befinden, fortzufahren. Wir müssen uns vollständig verändern.

Das Selbst-Bild eines Menschen ist der Ursprung seines äußeren Bildes. Wenn ich Selbst-Bild sage, beziehe ich mich auf das psychologische Bild, das wir in uns haben. Welches wird unser psychologisches Bild sein? Wird es das des Zornigen sein, des Habgierigen, des Lüsternen, des Neidischen, des Stolzen, des Faulen, des Gefräßigen, oder welches sonst. Was auch das Bild ist, das wir von uns selbst haben, oder besser gesagt: das Selbst-Bild, es wird selbstverständlich der Ursprung für das äußere Bild sein.

Das äußere Bild könnte, auch wenn es gut gekleidet ist, armselig sein. Ist das Bild eines Stolzen, eines Menschen, der unerträglich geworden ist, der nicht ein Körnchen Demut besitzt, etwa schön? Ist das Bild eines Lüsternen etwa angenehm? W

ie handelt ein Lüsterner, wie lebt er, wie sieht sein Schlafzimmer aus, wie ist sein Benehmen im Intimleben mit dem anderen Geschlecht, oder ist er etwa schon degeneriert?

Welches wird das äußere Bild eines Neidischen sein, eines Menschen, der unter dem Wohlbefinden des Nächsten leidet, und der aus Neid den anderen insgeheim Schaden zufügt? Welches ist das Bild eines Faulen, der nicht arbeiten will, der schmutzig und abscheulich ist? Und das eines Gefräßigen?

So ist das äußere Bild also wahrlich Ergebnis des inneren Bildes, das ist unwiderlegbar. Wenn ein Mensch lernt, sich selbst zu respektieren, wandelt sich sein Leben, nicht nur auf dem Gebiet der Ethik oder der Psychologie, sondern auch im sozialen, wirtschaftlichen und sogar politischen Bereich.

Aber man muss sich ändern. Deshalb bestehe ich darauf, dass Identität, Werte und Bild geändert werden müssen.

Die Identität, die Werte und das Bild, das wir heute von uns haben, sind miserabel.

Deshalb ist das soziale Leben voller Konflikte und wirtschaftlicher Probleme. Keiner ist glücklich in diesen Zeiten, keiner ist zufrieden. Aber könnte das Bild, können die Werte und die Identität, die wir haben, verändert werden? Könnten wir eine neue Identität, neue Werte, ein neues Bild annehmen? Ich bestätige deutlich, ja, es ist möglich.

Zweifelsohne, wir müssen das Ego auflösen. Wir alle haben ein Ich. Wenn wir an einer Tür klopfen, werden wir gefragt: „Wer ist da?“ Wir antworten:

Ich! Aber, wer ist dieses Ich, wer ist dieses ich selbst?

In Wirklichkeit ist das Ego eine Summe negativer und positiver Werte. Wir könnten das Ego ausmerzen, diese positiven und negativen Werte beseitigen und dann als Fahrzeug für neue Werte dienen, für die Werte des Seins.

Aber in diesem Fall, wenn wir wirklich alle Werte, die wir heute haben, beseitigen wollen, brauchen wir eine neue Didaktik, um einen Wandel hervorzurufen.

Die Psychoanalyse -III-

Die Didaktik, die existiert, um die positiven und negativen Werte, die wir in uns tragen, kennenzulernen und zu beseitigen, nennt sich innerste Psychoanalyse. Es ist notwendig, zur innersten Psychoanalyse zu greifen. Wenn einer zur innersten Psychoanalyse greift, um Fehler psychologischer Art kennenzulernen, taucht eine große Schwierigkeit auf; ich will mich ausdrücklich auf die Kraft der Kontratransferenz beziehen.

Man kann sich selbst erforschen, man kann sich nach innen kehren, aber wenn man es versucht, taucht die Schwierigkeit der Kontratransferenz auf. Die Lösung jedoch liegt darin, unsere Aufmerksamkeit nach innen zu wenden mit dem Vorsatz, sich selbst zu erforschen, um uns selbst kennenzulernen und die negativen Werte zu beseitigen, die uns psychologisch im Sozialen, Wirtschaftlichen, Politischen und sogar im Spirituellen schaden.

Ich wiederhole, unglücklicherweise taucht sofort, wenn einer versucht, sich nach innen zu kehren, um sich selbst zu erforschen und kennenzulernen, die Kontratransferenz auf. Die Kontratransferenz ist eine

Kraft, die die innere Einkehr erschwert. Würde die Kontratransferenz nicht existieren, wäre die Einkehr leichter.

Wir brauchen die innerste Psychoanalyse, wir brauchen die innerste Selbst-Erforschung, um uns wirklich kennenzulernen. Homo Nosce Te Ipsum. Mensch, erkenne dich selbst, und du wirst das Universum und die Götter erkennen.

Wenn man sich selbst kennt, kann man sich ändern. Solange man sich nicht selbst kennt, erweist sich jede Veränderung als subjektiv. Aber vor allem brauchen wir die Selbst-Analyse. Wie kann man die Kraft der Kontratransferenz überwinden, welche die innerste Psychoanalyse oder Selbst-Analyse erschwert? Dies kann nur durch die Transaktionsanalyse und die Strukturanalyse ermöglicht werden.

Wenn man sich auf die Strukturanalyse beruft, erkennt man diese psychologischen Strukturen, welche die innerste Selbstbeobachtung erschweren und unmöglich machen; indem wir solche Strukturen erkennen, verstehen wir sie, und indem wir sie verstehen, können wir das Hindernis überwinden.

Wir brauchen jedoch noch etwas anderes, wir brauchen die Transaktionsanalyse. Wie es bankgeschäftliche, kommerzielle Transaktionen, usw., gibt, so gibt es auch psychologische Transaktionen. Die verschiedenen psychischen Elemente, die wir in unserem Inneren tragen, sind den Transaktionen unterworfen, dem Austausch, den Kämpfen, dem Positionswechsel usw. Sie sind nichts Unbewegliches, sie befinden sich ständig in Bewegung.

Wenn einer mittels der Transaktionsanalyse die verschiedenen psychologischen Vorgänge und Strukturen kennt, dann hört die Schwierigkeit der psychologischen Selbstbeobachtung auf. Daraufhin vollzieht sich die Selbst-Erforschung seiner selbst mit vollem Erfolg.

Wer die volle Selbst-Erforschung über diesen oder jenen Fehler erreicht, sei es, um den Zorn zu kennen, sei es, um die Habsucht, die Lüsternheit, die Faulheit, die Gefräßigkeit usw., zu kennen, kann wunderbare psychologische Fortschritte machen.

Um die volle Selbst-Erforschung zu erreichen, müssen wir zuerst damit beginnen, den Fehler, den wir beseitigen wollen, abzusondern, damit er später aufgelöst wird. Der ausgemerzte Fehler setzt einen Prozentsatz seelischer Essenz frei. Je nachdem, wie wir jeden unserer falschen Werte,

d. h. unsere Fehler, ausmerzen, wird die seelische Essenz, die zwischen denselben eingekapselt ist, befreit werden, und zuletzt wird die vollständig befreite psychologische Essenz uns radikal verändern.

Es wird genau in diesem Moment sein, in dem sich die ewigen Werte des Seins durch uns ausdrücken. Zweifelsohne wäre das wunderbar, nicht nur für uns selbst, sondern für die Menschheit.

Wenn man es erreicht hat, die negativen Werte völlig auszumerzen oder aufzulösen, werden wir uns selbst und auch die anderen respektieren, uns sozusagen in eine Quelle der Güte für die ganze Welt verwandeln, in ein vollkommenes, bewusstes und wunderbares Geschöpf.

Dieses mystische Selbst-Bild eines erwachten Menschen wird das vollkommene Bild eines edlen Bürgers hervorrufen. Seine Umstände werden gut in jedem Sinne sein, er wird ein goldenes Glied in der großen Kette des universellen Lebens sein. Er wird ein Beispiel für die ganze Welt sein, eine Quelle des Glücks für viele Wesen, ein Erleuchteter im transzendentalsten Sinne des Wortes, jemand, der sich einer ständigen und lieblichen Ekstase erfreut.

Die mentale Dynamik -IV-

In der mentalen Dynamik müssen wir darum wissen, wie und warum der Verstand arbeitet.

Der Verstand ist zweifellos ein Instrument, und wir müssen lernen, es bewusst zu gebrauchen. Aber es wäre absurd anzunehmen, dass solch ein Instrument wirkungsvoll wäre, würden wir nicht zuvor das Wie und Warum des Verstandes kennenlernen.

Wenn man das Wie und Warum des Verstandes kennt, wenn man die verschiedenen Funktionen desselben kennt, kann man ihn kontrollieren, und dieser verwandelt sich in ein nützliches und vollkommenes Instrument, in ein wunderbares Vehikel, mittels dessen wir zum Wohle der Menschheit arbeiten können.

Wenn wir wirklich das Potenzial des menschlichen Verstandes kennenlernen wollen, brauchen wir wirklich ein realistisches System. In diesen Zeiten gibt es im Überfluss Themen zur Kontrolle des Verstandes. Es gibt diejenigen, die denken, dass gewisse künstliche Übungen zur

Kontrolle des Verstandes großartig wären. Es gibt Schulen, es existieren viele Theorien über den Verstand, es gibt viele Systeme, jedoch, wie könnte es möglich sein, etwas Nützliches aus dem Verstand zu machen. Bedenken wir, dass wir es nicht erreichen können, den Verstand zu vervollkommnen, wenn wir sein Wie und Warum nicht kennen.

Wir müssen die verschiedenen Funktionalismen des Verstandes kennen, wenn wir wollen, dass derselbe vollkommen ist. Wie funktioniert er? Warum funktioniert er? Dieses Wie und Warum ist entscheidend.

Wenn wir beispielsweise einen Stein in einen See werfen und sich Wellen bilden, so ist das die Reaktion des Sees, des Wassers auf den Stein. Ähnlich ist es, wenn uns jemand ein ironisches Wort sagt, so verbindet sich dieses Wort mit dem Verstand, der Verstand reagiert auf solch ein Wort, und dann entstehen die Konflikte. Die ganze Welt steckt in Problemen, die ganze Welt lebt in Konflikten. Ich habe die Konferenztische vieler Organisationen, Schulen usw. sorgfältig beobachtet, keiner respektiert den anderen. Warum? Weil sie sich selbst nicht respektieren.

Beobachten Sie einen Senat, ein Abgeordnetenhaus oder einfach eine Schulrunde: wenn irgendeiner etwas sagt, fühlt sich der andere betroffen, ärgert sich und sagt etwas Schlimmeres, sie streiten miteinander und die Konferenzrunde endet in einem großen Chaos. Diese Reaktion des Verstandes eines jeden einzelnen von ihnen auf die Einschläge der äußeren Welt hat sehr schwerwiegende Folgen.

Man muss wirklich zur introspektiven Psychoanalyse greifen, um den eigenen Verstand zu erforschen. Es erweist sich als notwendig, sich selbst im intellektuellen Bereich etwas näher kennenzulernen. Warum zum Beispiel reagieren wir auf das Wort eines Mitmenschen? Unter diesen Bedingungen sind wir immer Opfer ...

Wenn jemand will, dass wir zufrieden sind, genügt es, dass man uns auf die Schulter klopft und uns einige liebenswürdige Worte sagt. Wenn jemand uns verärgert sehen will, würde es genügen, uns einige unangenehme Worte zu sagen. Also, wo ist unsere wirkliche intellektuelle Freiheit? Was ist sie? Wir sind direkt von unseren Nächsten abhängig, sind Sklaven, unsere psychologischen Prozesse sind einzig von anderen Personen abhängig, wir haben nicht die Befehlsgewalt über unsere psychologischen Prozesse und das ist fürchterlich.

Andere sind es, die in uns und unseren inneren Prozessen befehlen. Ein Freund kommt plötzlich und lädt uns zu einer Party ein, wir gehen zu dem Freund, er bietet uns etwas zu trinken an, wir wollen nicht ablehnen, so nehmen wir an, danach wird uns noch ein Glas angeboten und wir nehmen wieder an, anschließend noch eines und noch eines, bis wir zum Schluss betrunken sind. Der Freund war Herr und Gebieter unserer psychologischen Prozesse.

Kann etwa solch ein Verstand zu irgendetwas dienen? Wenn jemand uns befiehlt, wenn alle das Recht haben, uns zu befehlen, wo ist dann unsere intellektuelle Freiheit? Worin besteht sie?

Plötzlich befinden wir uns einer Person des anderen Geschlechts gegenüber. Wir identifizieren uns sehr mit dieser Person, und über kurz oder lang endet es in Hurerei oder Ehebruch. Das heißt, dass diese Person des anderen Geschlechts stärker war und unseren psychologischen Prozess besiegte, uns kontrollierte, uns ihrem eigenen Willen unterwarf. Ist dies Freiheit?

Das intellektuelle Tier, fälschlicherweise Mensch genannt, hat sich tatsächlich dazu erzogen, seine wahre Identität, seine Werte und sein Bild zu verneinen.

Was wäre die wahre innere Identität, die Werte und das innere Bild eines jeden von uns? Wäre es vielleicht das Ego oder die Persönlichkeit? Nein! Durch die introspektive Psychoanalyse können wir jenseits des Egos gelangen und das Sein entdecken.

Zweifelsohne ist das Sein in sich selbst unsere wahre Identität, unsere Werte und unser Bild. Das Sein in sich selbst ist der K-M, der Kosmos-Mensch oder der Mensch-Kosmos. Unglücklicherweise, wie ich schon gesagt habe, hat sich das fälschlicherweise Mensch genannte Tier selbst dazu erzogen, seine inneren Werte zu verneinen, ist dem Materialismus dieser degenerierten Epoche verfallen, hat sich allen Lastern der Erde ergeben und wandelt auf dem Weg des Irrtums.

Die negative, subjektiv in unserem Inneren inspirierte Kultur zu akzeptieren und dem Weg des geringsten Widerstandes zu folgen, ist ein Absurdum.

Unglücklicherweise genießen es die Leute in dieser Epoche, dem Weg des geringsten Widerstandes zu folgen und akzeptieren die falsche materialistische Kultur dieser Zeiten. Sie lassen es zu oder erlauben, dass sie in ihre Psyche eingebaut wird, auf diese Art kommen sie zur Verneinung der wahren Werte des Seins.

Die lakonische Handlung des Seins -V-

Die lakonische Handlung des Seins ist die knappe Manifestation, die kurze Aktion, die das wirkliche Sein jedes Einzelnen von uns auf synthetische, mathematische Art und genauer wie eine pythagoräische Tafel bewirkt.

Ich will, dass man sehr gut über die lakonische Handlung des Seins nachdenkt. Dass man sich daran erinnert, dass dort oben im unendlichen Raum, im Sternenraum, jede Handlung Ergebnis einer Gleichung und einer genauen Formel ist. So müssen wir nach einfacher, logischer Folgerung auch ausdrücklich behaupten, dass unser wahres Bild, der innerste kosmische Mensch, jenseits aller falschen Werte, vollkommen ist.

Jede Handlung des Seins ist zweifelsohne das Ergebnis einer Gleichung und einer genauen Formel.

Es gab Fälle, in denen das Sein es erreichte, sich durch irgendjemanden, dem ein Wandel des Bildes, der Werte oder der Identität gelungen war, auszudrücken, und dieser jemand wurde dann tatsächlich zu einem Propheten, einem Erleuchteten. Aber es gab auch beklagenswerte Fälle von Personen, die dem eigenen Sein als Vehikel dienten und in Wahrheit die Absichten des Göttlichen nicht verstanden haben.

Wenn einer, der als Vehikel des Seins dient, nicht selbstlos zum Wohle der Menschheit arbeitet, hat er nicht verstanden, was eine Gleichung und eine genaue Formel jeder lakonischen Handlung des Seins ist. Nur wer den Früchten der Handlung entsagt, wer keinerlei Belohnung erhofft, wer allein aus Liebe bewegt wird, zum Wohle seiner Mitmenschen zu arbeiten, hat die lakonische Handlung des Seins mit Gewissheit verstanden.

Wir müssen, ich wiederhole, einen völligen Wandel unserer selbst vollziehen. Das Bild, die Werte und die Identität müssen sich ändern. Wie schön ist es, das jugendliche Bild eines irdischen Menschen zu haben, aber wir müssen, und das ist besser, hier in Fleisch und Blut das spirituelle und himmlische Bild haben.

Anstelle falscher Werte des Egos müssen wir in unserem Herzen und unserem Verstand die positiven Werte des Seins haben. Anstatt eine grobe Identität zu haben, müssen wir eine dem Sein zur Verfügung stehende Identität besitzen. Denken wir über die Notwendigkeit nach, uns in den lebendigen Ausdruck des Seins zu verwandeln ...

Das Sein ist das Sein, und der Grund des Seins zu sein ist dasselbe Sein. Unterscheiden wir klar zwischen dem, was der Ausdruck, und dem was der Selbst-Ausdruck ist. Das Ego kann sich ausdrücken, wird aber niemals den Selbst-Ausdruck besitzen. Das Ego drückt sich durch die Persönlichkeit aus, und seine Ausdrücke sind subjektiv, es sagt, was die anderen sagten, es erzählt, was die anderen erzählten, es erklärt, was die anderen erklärten, aber es hat keinen offensichtlichen Selbst-Ausdruck des Seins.

Der objektive, wirkliche Selbst-Ausdruck des Seins ist das, was zählt. Wenn sich das Sein durch uns ausdrückt, macht es das auf vollkommene und lakonische Weise. Man muss das Ego auf der Basis der inneren Psychoanalyse ausmerzen, damit sich durch uns das Wort des Seins ausdrückt.

Die Eigenliebe

Man spricht viel über die weibliche Eitelkeit. In der Tat, die Eitelkeit ist die lebendige Manifestation der Eigenliebe.

Die Frau vor dem Spiegel ist ein wahrer Narzisst, sie verehrt sich selbst, liebt sich abgöttisch in ihrem Wahn. Die Frau schmückt sich so gut sie nur kann, sie schminkt sich, sie frisiert sich das Haar mit dem einzigen Ziel, die anderen sagen zu hören: Du bist hübsch, du bist schön, du bist göttlich usw.

Das Ich genießt es, wenn die Leute es bewundern, das Ich schmückt sich, damit die anderen es verehren. Das Ich hält sich für schön, rein, erhaben, heilig, tugendhaft usw. Keiner hält sich für schlecht, alle Menschen betrachten sich selbst als gut und gerecht.

Die Eigenliebe ist etwas Schreckliches. Zum Beispiel akzeptieren die Fanatiker des Materialismus aus Eigenliebe die höheren Dimensionen des Raumes nicht. Sie lieben sich selbst sehr und fordern, wie es natürlich ist, dass die höheren Dimensionen des Raumes, des Kosmos und allen sensiblen Lebens sich ihren persönlichen Launen unterwerfen.

Sie sind nicht fähig, jenseits ihrer engen Kriterien und ihrer Theorien zu gelangen, jenseits ihres geliebten Egos und ihrer mentalen Vorschriften.

Der Tod löst das fatale Problem des Egos nicht. Nur der Tod des Ichs kann das Problem des menschlichen Schmerzes lösen, aber das Ich liebt sich selbst und will auf keinen Fall sterben. Während das Ich existiert, wird sich das Rad des Samsara drehen, das fatale Rad der menschlichen Tragödie. Wenn wir wirklich verliebt sind, verzichten wir auf das Ich. Sehr selten im Leben begegnet man einem wirklich Verliebten. Alle begehren leidenschaftlich, das ist jedoch nicht Liebe. Wenn sie jemanden treffen, der ihnen gefällt, entbrennen sie in heftiger Leidenschaft, aber wenn sie in der anderen Person ihre eigenen Fehler, Qualitäten, Defekte entdecken, dann dient das geliebte Wesen ihnen als Spiegel, in dem sie sich ganz und gar selbst betrachten können. In Wirklichkeit sind sie nicht verliebt in das geliebte Wesen, sie sind nur verliebt in sich selbst und genießen es, sich im Spiegel, der das geliebte Wesen ist, zu sehen, so begegnen sie sich und nehmen dann an, verliebt zu sein. Das Ich genießt es, vor dem kristallenen Spiegel zu stehen und fühlt sich glücklich, sich selbst in der Person zu bewundern, die die gleichen Qualitäten, Tugenden und Defekte hat.

Viel sprechen die Prediger über die Wahrheit, aber ist es etwa möglich, die Wahrheit zu kennen, wenn es in uns Eigenliebe gibt?

Nur, wenn wir aufhören mit der Eigenliebe, nur mit einem Verstand frei von Annahmen, können wir in Abwesenheit des Ichs erfahren, was die Wahrheit ist.

Viele werden dieses Werk der Revolution der Dialektik kritisieren. Wie immer werden die Pseudo-Weisen über diese revolutionären Gedanken lachen, weil diese Lehren nicht mit den „mentalen Vermutungen“ und komplizierten Theorien, die sie in ihrem Gedächtnis haben, übereinstimmen.

Die Gelehrten sind nicht fähig, die revolutionäre Psychologie mit spontanem Verstand zu hören, frei von mentalen Vermutungen Theorien, Vorstellungen usw. Sie sind nicht fähig, sich dem Neuen mit integralem Verstand zu öffnen, mit einem Verstand, der nicht im Kampf der Antithesen geteilt ist.

Die Gelehrten hören nur, um mit ihren in der Erinnerung gespeicherten Annahmen zu vergleichen. Die Gelehrten hören nur, um alles in ihre Sprache von Vorurteilen und Konzepten zu übersetzen und zu der Schlussfolgerung zu kommen, dass die Lehren der Revolution der Dialektik Fantasien sind. So sind die Gelehrten immer, ihr Verstand ist so degeneriert, dass sie nicht fähig sind, das Neue zu entdecken.

Das *Ich* will in seinem Hochmut, dass alles mit seinen Theorien und mentalen Annahmen übereinstimmt. Das *Ich* will, dass sich all seine Launen erfüllen, und dass der Kosmos in seiner Gesamtheit sich seinen Laborexperimenten unterwirft. Das Ego verabscheut alle, die seine Eigenliebe verletzen. Das Ego verehrt seine Theorien und Vorurteile.

Viele Male verabscheuen wir jemanden ohne irgendeinen Grund. Warum? Einfach, weil dieser jemand einige Fehler verkörpert, die wir wohl versteckt in uns tragen und es uns nicht gefallen kann, dass der andere sie zur Schau trägt. In der Tat, die Fehler, die wir anderen anhängen, tragen wir tief in unserem Innern.

Niemand ist vollkommen in dieser Welt, wir sind alle aus dem gleichen Holz geschnitzt. Jeder von uns ist eine elende Schnecke im Schoße der großen Realität. Wer nicht einen Fehler in einer bestimmten Richtung hat, hat ihn in einer anderen Richtung. Einige begehren kein Geld, aber sie begehren Ruhm, Ehre, Liebe usw. Andere betrügen nicht ihre Frauen, aber sie betrügen, indem sie Doktrinen fälschen, Glaubensbekenntnisse im Namen der universellen Bruderschaft vermischen.

Einige sind nicht eifersüchtig auf ihre eigene Frau, aber sie sind eifersüchtig auf Freundschaften, Glauben, Sekten, Dinge usw. So sind wir Menschen, alle aus dem gleichen Holz geschnitzt.

Es gibt kein menschliches Wesen, das sich nicht selbst verehrt. Wir haben von Menschen gehört, die es genießen, Stunde um Stunde über sich selbst zu sprechen, über ihre Wunder, ihr Talent, ihre Tugenden usw.

Das Ich liebt sich selbst so sehr, dass es sogar erreicht, das Glück des anderen zu beneiden. Die Frauen schmücken sich mit vielen Dingen, zum Teil aus Eitelkeit, zum Teil, um den Neid der anderen Frauen zu wecken. Jede beneidet jede. Alle sind neidisch auf das Kleid der anderen, auf die schöne Halskette. Alle verehren sich selbst und keine will sich den anderen unterlegen sehen, sie sind zu hundert Prozent Narzissten.

Einige Pseudo-Okkultisten oder Brüder vieler Sekten verehren sich selbst so sehr, dass sie es erreicht haben, sich für Brunnen von Bescheidenheit und Heiligkeit zu halten. Sie sind stolz auf ihre eigene Bescheidenheit. Sie sind schrecklich stolz.

Es gibt kein Pseudo-Okkultistisches Schwesterchen oder Brüderchen, das im Grunde nicht vorgibt, Heiligkeit, Glanz und spirituelle Schönheit zu besitzen.

Kein Pseudo-Okkultistisches Brüderchen oder Schwesterchen hält sich für schlecht oder pervers, alle halten sich für heilig und vollkommen, auch wenn sie in Wirklichkeit nicht nur schlecht, sondern darüber hinaus pervers sind.

Das geliebte Ego verehrt sich selbst allzu sehr und hält sich, auch wenn es das nicht sagt, für gut und vollkommen.

A-Himsa, die Gewaltlosigkeit

A-Himsa ist der reine Gedanke Indiens, die Gewaltlosigkeit. Das A-Himsa ist wirklich von der universellen Liebe inspiriert. Himsa bedeutet töten wollen, schaden wollen. A-Himsa ist dann die Ablehnung jeglicher Absicht, durch die Anwendung von Gewalt zu töten oder zu schaden. A-Himsa ist das Gegenteil von Egoismus. A-Himsa ist Selbstlosigkeit und absolute Liebe. A-Himsa ist rechte Handlung.

Mahatma Gandhi machte A-Himsa zur Stütze seiner politischen Doktrin. Gandhi definierte die Erklärung von A-Himsa folgendermaßen: „Die Gewaltlosigkeit besteht nicht darin, jeglichen wahren Kampf gegen das Böse zurückzuweisen. Die Gewaltlosigkeit, wie ich sie verstehe, leitet eine aktivere Kampagne gegen das Böse ein, als das Gesetz des Talion, dessen eigene Natur die Entwicklung der Perversität zum Ergebnis hat. Ich lege gegen die Unmoral einen mentalen und somit auch moralischen Widerspruch ein. Ich versuche, das Schwert des Tyrannen verrosten zu lassen, ich kreuze es nicht mit schärferem Stahl, sondern enttäusche seine Hoffnungen, indem ich keinerlei physischen Widerstand biete. Er wird in mir einen Widerstand der Seele finden, der seinem Angriff kein Ziel bietet. Dieser Widerstand wird ihn zuerst blenden und ihn dann zwingen, nachzugeben. Und die Tatsache, nachzugeben wird den Angreifer nicht erniedrigen, sondern ihm Würde verleihen.“ Es existiert keine gewaltigere Waffe, als ein Verstand, der richtig eingesetzt wird.

Das Ego ist es, das entzweit, das betrügt und Anarchie unter der armen leidenden Menschheit schafft. Der Egoismus, der Verrat und der Mangel an Brüderlichkeit haben die Menschheit geteilt.

Das Ich wurde weder von Gott noch vom Geist noch von der Materie erschaffen. Das Ich wurde durch unseren eigenen Verstand geschaffen und wird erst aufhören zu existieren, wenn wir es in allen Niveaus des Verstandes völlig begriffen haben. Allein durch rechte Handlung, rechte Meditation, rechten Willen, rechten Lebensunterhalt, rechte Anstrengung und rechte Erinnerung können wir das Ich auflösen. Es ist wichtig, all das von Grund auf zu verstehen, wenn wir die Revolution der Dialektik wirklich wollen.

Man darf nicht die Persönlichkeit mit dem Ich verwechseln. In der Tat bildet sich die Persönlichkeit in den ersten 7 Jahren der Kindheit und das Ich ist der Irrtum, der sich Jahrhundert für Jahrhundert aufrechterhält und sich jedes Mal durch die Mechanik der Rekurrenz verstärkt.

Die Persönlichkeit ist energetisch, sie wird während der Kindheit durch Gewohnheiten, Sitten, Ideen usw., geboren und festigt sich durch die Erfahrungen des Lebens.

Sowohl die Persönlichkeit als auch das Ego müssen ausgemerzt werden. Wir sind revolutionärer in den psychologischen Lehren als Gurdjieff und Ouspensky.

Das Ich benutzt die Persönlichkeit als Instrument für seine Handlung. Der Personalismus entsteht aus dieser Mischung von Ego und Persönlichkeit. Der Persönlichkeitskult wurde von dem Ich erfunden. In der Tat, der Personalismus erzeugt Egoismus, Hass, Gewalt usw. All das wird vom A-Himsa abgelehnt. Der Personalismus ruiniert die esoterischen Organisationen völlig. Der Personalismus schafft Anarchie und Verwirrung. Der Personalismus kann jegliche Organisation völlig zerstören.

In jeder Wiederverkörperung – Wiederkehr – erschafft das Ego eine neue Persönlichkeit. Jede Person ist in jeder neuen Wiederverkörperung verschieden.

Es ist wichtig, das Leben leben zu wissen. Wenn das Ich sich auflöst, kommt für uns die große Wirklichkeit, das wahre Glück, das, was keinen Namen hat. Wir müssen unterscheiden zwischen dem Sein und dem Ich. Der heutige Mensch hat nur das Ich.

Der Mensch ist ein misslungenes Wesen. Es ist wichtig, das Sein zu erreichen, es ist notwendig zu wissen, dass das Sein grenzenloses Glück ist. Es ist absurd zu sagen, dass das Sein das *höhere Ich*, das *göttliche Ich* usw. ist. Das Sein kann nicht den geringsten Beigeschmack von Ego haben, da es von universeller und kosmischer Art ist. Versuchen wir nicht, das Ich zu vergöttlichen.

Das A-Himsa ist Gewaltlosigkeit in Gedanke, Wort und Werk. Das A-Himsa ist Respekt vor fremden Ideen, Respekt vor allen Religionen, Schulen, Sekten, Organisationen usw.

Warten wir nicht darauf, dass das Ich sich entwickelt, da das Ich sich niemals vervollkommnet. Wir brauchen eine völlige Revolution des Bewusstseins. Das ist die einzige Art von Revolution, die wir akzeptieren. In der Revolution der Dialektik, in der Revolution des Bewusstseins, findet man die Basis der Doktrin des A-Himsa.

In dem Maße, in dem wir Augenblick für Augenblick sterben, wird sich die Eintracht zwischen den Menschen langsam entwickeln. In dem Maße, in dem wir Augenblick für Augenblick sterben, wird der Sinn für Zusammenarbeit den Wettbewerbssinn völlig ersetzen.

In dem Maße, in dem wir Moment für Moment sterben, wird der gute Wille Stück für Stück den schlechten Willen ersetzen. Die Menschen mit gutem Willen akzeptieren das A-Himsa. Es ist unmöglich, eine neue Ordnung unserer Psyche zu schaffen, und die Lehre der Gewaltlosigkeit auszuschließen.

Das A-Himsa muss man im eigenen Zuhause entwickeln, indem man dem Pfad der vollkommenen Ehe folgt. Nur mit Gewaltlosigkeit in Gedanke, Wort und Tat kann zu Hause das Glück regieren.

A-Himsa muss das Fundament des täglichen Lebens sein, im Büro, in der Werkstatt, auf dem Feld, zu Hause, auf der Straße usw. Wir müssen die Lehre der Gewaltlosigkeit leben.

Herdentrieb

Der Herdentrieb ist die Tendenz, die die menschliche Maschine hat, sich mit anderen zu vermischen, ohne Unterscheidung und ohne Kontrolle irgendeiner Art.

Sehen wir einmal, was jemand tut, wenn er in einer Gruppe oder einer Menschenmenge ist. Ich bin sicher, dass sehr wenige Personen es wagen würden, auf die Straße zu gehen, um Steine auf irgendjemanden zu werfen. In der Gruppe jedoch durchaus. Man kann in eine öffentliche Kundgebung geraten, vor Begeisterung entflammt sein und letztendlich zusammen mit den Massen Steine werfen, und sich daraufhin selbst fragen:

Warum habe ich das getan? In der Gruppe verhält sich das menschliche Wesen ganz anders.

Es macht Dinge, die es allein niemals machen würde. Worauf ist das zurückzuführen? Es ist zurückzuführen auf negative Eindrücke, denen es die Türen öffnet und dadurch Dinge tut, die es allein niemals tun würde.

Wenn jemand den negativen Eindrücken die Türen öffnet, ändert er nicht nur die Ordnung des emotionalen Zentrums, das sich im Herzen befindet, sondern er stimmt es auch negativ. Öffnet man zum Beispiel seine Türen für das negative Gefühl einer Person, die voller Wut ist, weil ihr irgendjemand Schaden zugefügt hat, dann geschieht es, dass man sich mit dieser Person gegen denjenigen verbündet, der den Schaden verursacht hat und man ist voller Zorn, ohne an der Sache beteiligt gewesen zu sein.

Nehmen wir an, dass man den negativen Eindrücken eines Betrunkenen die Türen öffnet, so endet es damit, dass man ein Glas annimmt, dann ein zweites, drittes und schließlich ein zehntes. Kurzum, noch ein Betrunkener.

Nehmen wir an, man öffnet den negativen Eindrücken einer Person des anderen Geschlechtes die Türen, so endet man sehr wahrscheinlich in Hurerei und damit, dass man Vergehen jeder Art begeht.

Wenn wir den negativen Eindrücken eines Drogenabhängigen die Türen öffnen, endet es womöglich damit, dass wir Marihuana rauchen oder irgendeine Art von Drogen einnehmen. Das Resultat wird ein Chaos sein.

Auf diese Weise stecken die menschlichen Wesen in einem negativen Umfeld einer den anderen an. Räuber machen andere Personen zu räubern. Mörder stecken andere an. Drogenabhängige stecken andere Leute an. Und so multiplizieren sich die Drogenabhängigen, die Diebe, die Wucherer, die Mörder usw. Warum? Weil wir den Fehler begehen, negativen Gefühlen immer die Türen zu öffnen, und das ist niemals richtig. Wir müssen unter unseren Gefühlen eine Auswahl treffen.

Wenn uns jemand positive Gefühle entgegenbringt, Gefühle des Lichts, der Schönheit, der Harmonie, der Freude, der Liebe, der Vollkommenheit, so lasst uns ihm die Türen unseres Herzens öffnen. Aber wenn jemand uns negative Gefühle des Hasses, der Gewalt, der Eifersucht, der Drogen, des Alkohols, der Hurerei und des Ehebruchs entgegenbringt, warum sollten wir die Türen unseres Herzens öffnen? Schließen wir sie! Lasst uns die Türen schließen vor den negativen Gefühlen.

Wenn man über den Herdentrieb nachdenkt, kann man ihn durchaus modifizieren und aus seinem Leben etwas Besseres machen.

Die Entstellung des Wortes

Der Kanonenknall, sein Donner, zerstört das Glas eines Fensters. Andererseits besänftigt ein mildes Wort den Zorn oder die Wut, während ein grobes, disharmonisches Wort Ärger oder Melancholie, Traurigkeit, Hass usw. schafft.

Man sagt, dass Schweigen Gold ist, besser jedoch wäre zu sagen: Es ist gleichermaßen falsch zu sprechen, wenn man schweigen muss, wie zu schweigen, wenn man zu sprechen hat. Es gibt strafbares Schweigen, wie auch schändliche Worte. Man muss das Ergebnis der gesprochenen Worte mit Edelmut einschätzen, denn viele Male verletzen wir andere unbewusst mit Worten.

Worte voller schlechter Absichten erzeugen Hurerei in der Welt des Verstandes. Und unrhythmische Worte bringen in der Welt des kosmischen Verstandes Gewalt hervor. Man soll niemals jemanden mit Worten verdammen, weil man über niemanden urteilen darf. Böse Worte, Klatsch und Verleumdung haben die Welt mit Schmerz und Bitternis erfüllt.

Arbeiten wir mit der sexuellen Superdynamik, so müssen wir verstehen, dass die schöpferischen Energien jeder Art von Veränderungen unterworfen sind. Diese Energien der Libido können in Kräfte des Lichts oder der Dunkelheit verwandelt werden. Alles hängt von der Qualität der Worte ab.

Der vollkommene Mensch spricht Worte der Vollkommenheit. Der gnostische Schüler, der dem Weg der Revolution der Dialektik folgen will, muss sich daran gewöhnen, seine Sprache zu kontrollieren. Er muss lernen, mit dem Wort umzugehen.

Nicht, was in den Mund hineingelangt, schadet dem Menschen, sondern das, was daraus hervorkommt. Der Mund verbreitet Kränkungen, Intrigen, üble Nachrede, Verleumdung, Diskussion; all das ist es, was dem Menschen schadet.

Wir wollen jegliche Art von Fanatismus vermeiden, denn damit verursachen wir dem Menschen, dem Nächsten großen Schaden. Man verletzt den Nächsten nicht nur mit groben Worten oder feinen kunstvollen Ironien, sondern auch mit dem Tonfall, durch eine Betonung ohne Harmonie und Rhythmus.

Die Kunst des Zuhörens

Man muss lernen zuzuhören. Um das zu lernen, muss man das Bewusstsein erwecken.

Um zuhören zu können, muss man es verstehen, gegenwärtig zu sein. Derjenige, der zuhört, entweicht immer durch das psychologische Land und die psychologische Stadt.

Die menschliche Persönlichkeit weiß nicht zuzuhören, ebenso wenig wie es der physische Körper kann, weil er ihr Vehikel ist.

Die Leute sind voll von sich selbst, voll von ihrem Stolz, ihren Fähigkeiten, ihren Theorien.

Es gibt kein Eckchen, keinen leeren Raum für das Wissen, für das Wort. Wir müssen die Schüssel nach oben halten, wie der Buddha, um das christische Wort zu erhalten.

Psychologisch zuzuhören ist sehr schwierig. Man muss lernen, aufmerksam zu sein, um zuhören zu können. Man muss aufnahmefähiger werden für das Wort.

Die Leute erinnern sich nicht ihrer früheren Existenzen, weil sie sich nicht innerhalb, sondern außerhalb ihres psychologischen Hauses befinden.

Man muss sich an sich selbst erinnern. So oft wir können, müssen wir den Körper während des Tages entspannen.

Weil sie das Sein vergessen, begehen die Leute viele Fehler. Große Dinge geschehen uns, wenn wir uns an uns selbst erinnern.

Beratschlagen ist notwendig, aber das Wichtige ist, zuhören zu können. Um dies zu erreichen, müssen wir das emotionale, das motorische und das intellektuelle Zentrum im Zustand der höchsten Aufmerksamkeit halten.

Die falsche Erziehung hindert uns daran, zuzuhören. Die falsche Erziehung schädigt die fünf Zentren der menschlichen Maschine – das intellektuelle, motorische, emotionale, instinktive und sexuelle.

Man muss mit spontanem Verstand zuhören, frei von mentalen Annahmen, Theorien und Vorurteilen. Man muss sich dem Neuen mit integralem Verstand öffnen, mit einem Verstand, der nicht durch den Kampf der Antithesen geteilt ist.

Die Genauigkeit des Terminus

Sokrates forderte als Basis seiner Dialektik die Genauigkeit des Terminus. In unserer Revolution der Dialektik fordern wir als Basis die Genauigkeit des Wortes.

Das Sprachvermögen, dieses menschliche Kennzeichen, ist das Instrument des individuellen Ausdrucks und der Kommunikation zwischen den Menschen. Es ist das Vehikel der äußeren Sprache und die Entladung oder Veräußerlichung der komplizierten inneren Sprache, die gleichermaßen von dem Sein oder dem Ego benutzt werden kann.

Platon erklärte in dem Dialog „Phaidon“ einem seiner Schüler ein wegen seiner Tiefe und seines moralischen Zartgefühls berühmtes Konzept als menschliches Prinzip der idiomatischen Eigenheit. Es lautet folgendermaßen:

„Wisse, mein lieber Criton, auf unangebrachte Weise zu sprechen heißt nicht allein einen Fehler darin zu begehen, was man sagt, sondern eine Art Schaden an den Seelen zu verursachen.“

Wenn wir die Probleme lösen wollen, müssen wir auf eine Meinung verzichten. Jede Meinung kann diskutiert werden. Wir müssen ein Problem lösen, indem wir darüber meditieren. Es ist notwendig, es mit dem Verstand und dem Herzen zu lösen.

Wir müssen lernen, selbstständig zu denken. Es ist absurd, wie ein Papagei fremde Meinungen zu wiederholen.

Wenn das Ego vernichtet wird, verschwinden die Optionsprozesse des Verstandes. Eine Meinung ist das Formulieren eines Konzeptes aus Furcht, ein anderes könnte das Wahre sein, und das weist auf Ignoranz hin.

Es ist wichtig zu lernen, sich nicht mit den Problemen zu identifizieren. Es ist notwendig, uns ernsthaft zu erforschen und danach geistiges und mündliches Schweigen zu wahren.

Der psychologische Roboter

Das intellektuelle Tier ähnelt sowohl einem durch mechanische Räder programmierten Roboter als auch einer Uhr, weil es in seinem Leben die gleichen Bewegungen wie in den vergangenen Existenzen wiederholt.

Das menschliche Wesen, fälschlicherweise Mensch genannt, ist ein psychologischer Roboter, der nichts tut, dem alles widerfährt. Einzig das Sein handelt.

Das Sein lässt aufkommen, was es will, da es kein mechanisches Wesen ist.

Man muss aufhören, ein intellektueller Roboter zu sein, weil der Roboter immer dasselbe wiederholt, er hat keine Unabhängigkeit.

Der psychologische Roboter ist von den Gesetzen des Mondes beeinflusst: Rekurrenz, Empfängnis, Tod, Hass, Egoismus, Gewalt, Einbildung, Stolz, Selbst-Wichtigkeit, maßlose Habsucht usw.

Man muss mit der sexuellen Superdynamik arbeiten, um ein dauerndes Zentrum der Schwerkraft zu schaffen, und um sich vom Mond unabhängig zu machen.

Um aufzuhören ein psychologischer Roboter zu sein, ist es notwendig, sich selbst zu beherrschen. Faust erreichte es, nicht aber Cornelius Agrippa, der anfing zu theoretisieren.

Die Leute sind daran interessiert, die Welt auszubeuten, aber es ist wichtiger, sich selbst auszubeuten, da derjenige, der sich selbst ausbeutet, die Welt beherrscht.

Der psychologische Roboter, der sich in einen Menschen und dann in einen Supermenschen verwandeln will, muss die Fähigkeit entwickeln, die Noten zu halten.

Wenn jemand wirklich aufhören will, eine Maschine zu sein, muss er die erste Krise überwinden: Mi-Fa, dann die zweite Krise: La-Si.

Der Schlüssel zum Triumph, um die Krisen zu überwinden und aufzuhören, ein psychologischer Roboter zu sein, ist: Wahl, Änderung und Entschluss.

In sieben Oktaven wird das ganze Werk vollendet und man erlangt den nirionissanischen Ton des Universums.

Der Zorn

Der Zorn zerstört die Fähigkeit, zu denken und die Probleme zu lösen, die ihn erzeugen. Offensichtlich ist der Zorn ein negatives Gefühl. Zwei negative Zorngefühle, die sich gegenüberstehen, erreichen weder Frieden noch schöpferisches Verständnis.

Zweifelsohne entsteht immer, wenn wir den Zorn auf ein anderes menschliches Wesen richten, ein Absturz unseres eigenen Bildes, und das ist in der Welt der Beziehungen niemals von Vorteil.

Die verschiedenen Abläufe des Zorns führen das menschliche Wesen in schreckliche soziale, wirtschaftliche und psychologische Misserfolge. Es ist klar, dass auch die Gesundheit vom Zorn in Mitleidenschaft gezogen wird.

Es gibt gewisse Dummköpfe, die am Zorn Gefallen finden, da dieser ihnen einen bestimmten Hauch von Überlegenheit vermittelt. In diesen Fällen verbindet sich der Zorn mit dem Stolz. Häufig verbindet sich der Zorn auch mit der Einbildung und sogar mit der Selbstgenügsamkeit. Die Güte ist eine viel überwältigendere Kraft als der Zorn.

Eine zornige Diskussion ist nur eine Aufregung ohne Überzeugung. Wenn wir uns dem Zorn entgegenstellen, müssen wir entscheiden, müssen wir uns für die Art von Gefühl entschließen, die uns mehr zusagt. Die Güte und das Verständnis sind besser als der Zorn.

Güte und Verständnis sind fortwährende Gefühle, da sie den Zorn besiegen können. Wer sich vom Zorn kontrollieren lässt, zerstört sein eigenes Bild. Der Mensch, der die völlige Selbst-Kontrolle besitzt, wird immer auf dem Gipfel sein.

Die Frustration, die Furcht, der Zweifel und die Schuld lösen die Prozesse des Zornes aus. Frustration, Furcht, Zweifel und Schuld verursachen den Zorn. Wer sich von diesen vier negativen Gefühlen befreit, wird die Welt beherrschen. Negative Leidenschaften zu akzeptieren ist etwas, das gegen den Selbst-Respekt verstößt.

Der Zorn ist reiner Wahnsinn, er ist unnütz, er führt nur zu Gewalt. Das Ziel der Gewalt ist es, zur Gewalt zu führen und das wiederum erzeugt mehr Gewalt.

Die Persönlichkeit

Die Persönlichkeit ist vielfältig und hat viele Hintergründe. In ihr bleibt das Karma der früheren Existenzen eingelagert, sei es unerfülltes oder bereits kristallisiertes Karma.

Die nicht verdauten Eindrücke verwandeln sich in neue psychische Aggregate, und was noch schwerwiegender ist, in verschiedene Persönlichkeiten. Die Persönlichkeit ist nicht homogen, sondern heterogen und eine Pluralität. Ebenso wie man eine Wahl in den Dingen des Lebens trifft, genauso muss man die Eindrücke auswählen.

Wenn man sich in einem bestimmten Moment, angesichts eines neuen Geschehens, selbst vergisst, so bilden sich neue Ichs. Und wenn sie sehr stark sind, bilden sich neue Persönlichkeiten innerhalb der Persönlichkeit. Hier liegt der Grund vieler Traumen, Komplexe und psychologischer Konflikte.

Ein nicht verdauter Eindruck, der es erreicht, eine Persönlichkeit innerhalb der Persönlichkeit zu bilden, und außerdem auch nicht akzeptiert wird, verwandelt sich in eine Quelle schrecklicher Konflikte. Nicht alle Persönlichkeiten, die man in seiner Persönlichkeit birgt, werden akzeptiert, und das ist der Anfang vieler Traumen, Komplexe, Ängste usw.

Vor allem ist es notwendig, die Vielfältigkeit der Persönlichkeit, die in sich selbst vielfältig ist, zu verstehen. Gäbe es irgendjemanden, der die psychischen Aggregate aufgelöst hätte, aber nicht die Persönlichkeit, könnte er nicht die wirkliche Erleuchtung und das Glück, zu leben, erlangen.

Je mehr man von sich kennt, desto mehr kennt man von seinem Nächsten. Das Individuum mit Ego sieht die Ursachen nicht klar und irrt sich. Diejenigen, die Ego haben, täuschen sich, weil ihnen die Urteilskraft fehlt, auch wenn sie eine gewaltige Logik in ihren Analysen besitzen. Wenn man Eindrücke nicht verdaut, schafft man neue Ichs. Man muss lernen, die Eindrücke auszuwählen.

Es geht nicht darum „besser zu sein“, sondern darum, sich zu ändern. Das Sein kommt auf, wenn man sich verwandelt hat und aufgehört hat zu existieren.

Die unerwünschten Elemente in unserem Inneren sind es, die unsere Wahrnehmungen kontrollieren, indem sie uns an einer ganzheitlichen Wahrnehmung hindern, die uns Glück und Glückseligkeit bringt.

Kathexis

Die psychische Energie, Kathexis, als exekutive Kraft angewendet, ist wunderbar. Die Reserven der Intelligenz sind die verschiedenen Teile des Seins, sie werden verbundene Kathexis oder psychische Energie in potenziellem und statischem Zustand genannt.

Die verbundene Kathexis leitet uns bei der Arbeit der Ausmerzung des Egos und der Befreiung des Verstandes. Diese verbundene Kathexis, die sich im Verstand befindet, führt uns bei der Arbeit der revolutionären Psychologie und der integralen Revolution. Die Werte des Seins bilden die verbundene Kathexis. Nur die verbundene Kathexis kann den Verstand befreien, durch die Auflösung der unerwünschten psychischen Elemente, die durch die Struktur- und Transaktiosanalyse abgesondert werden.

Die verbundene Kathexis ist verschieden von der losgelösten Kathexis, denn diese ist die psychische Energie, die das Ego für seine Manifestation benutzt, um den Verstand und den Körper zu beherrschen. Man muss zulassen, dass die verbundene Kathexis, die dynamische psychische Energie, unsere Existenz lenkt.

Man muss psychologisch arbeiten, damit die verbundene Kathexis aktiv wird, herrscht, und die freie Kathexis, die Energie des Körpers, führt; die freie Kathexis wurde bedauernswerterweise immer von der losgelösten Kathexis, die das Ego ist, beherrscht.

Der mystische Tod

Viel haben wir wegen Mitgliedern der gnostischen Bewegung gelitten. Viele waren es, die Treue vor dem Altar des Lumisials geschworen haben, die feierlich versprochen haben, am großen Werk zu arbeiten bis zur völligen Selbstverwirklichung; viele waren es, die weinend geschworen haben, niemals die gnostische Bewegung zu verlassen, aber dennoch, und es ist schmerzlich das zu sagen, war alles vergebens.

Fast alle liefen weg, sie wurden lästernde Feinde, die hurten, Ehe brachen und sich auf den schwarzen Weg begaben. Tatsächlich ist dieser schreckliche Widerspruch des menschlichen Wesens darauf zurückzuführen, dass der Mensch ein fatales Fundament und eine tragische Basis hat. Dieses Fundament ist die Pluralität des Ichs, die Pluralität der losgelösten Kathexis, die wir alle in uns tragen.

Es ist wichtig zu wissen, dass das Ich eine Vereinigung von psychischen Energien ist, von losgelösten Kathexen, die sich in den niederen, tierischen Abgründen des Menschen reproduzieren. Jede losgelöste Kathexis ist ein kleines Ich, das sich einer gewissen Selbstständigkeit erfreut.

Diese Ichs, diese losgelösten Kathexen, kämpfen untereinander. Das intellektuelle *Ich* sagt: „Ich muss eine Zeitung lesen." "Ich möchte mit dem Fahrrad fahren", entgegnet das motorische *Ich.* „Ich habe Hunger", erwidert das *Ich* der Verdauung. „Mir ist kalt", sagt das *Ich* des Stoffwechsels. „Niemand wird es mir verbieten", ruft das leidenschaftliche *Ich* zur Verteidigung all dieser losgelösten Kathexen.

Kurzum, das Ich ist die Legion der losgelösten Kathexen. Diese losgelösten Kathexen wurden schon von Franz Hartmann studiert. Sie leben in den niederen, tierischen Abgründen des Menschen; sie essen, sie schlafen, sie reproduzieren sich und leben auf Kosten unserer vitalen Prinzipien oder freien Kathexis – der kinetischen, muskulären und nervösen Energien. Jedes dieser Egos, die in ihrer Gesamtheit die losgelöste Kathexis, das Ich, darstellen, projiziert sich in den unterschiedlichen Niveaus des Verstandes, und reist umher, die Befriedigung seiner Wünsche ersehnend. Das Ich, das Ego, die losgelöste Kathexis, kann sich niemals vervollkommnen.

Der Mensch ist die Stadt der neun Tore. In dieser Stadt leben viele Bürger, die sich untereinander nicht einmal kennen. Jeder einzelne dieser Bürger, jedes einzelne dieser kleinen Ichs hat seine Pläne und seinen eigenen Verstand; dies sind die Händler, die Jesus mit der Peitsche des Willens aus dem Tempel werfen musste. Diese Händler müssen sterben.

Nun werden wir den Grund so vieler innerer Widersprüche im Individuum verstehen. Solange die losgelöste Kathexis existiert, kann es keinen Frieden geben. Die Ichs sind causa causorum aller inneren Widersprüche. Das *Ich*, das der Gnosis Treue schwört, wird von einem anderen, das sie hasst, abgelöst.

Kurzum, der Mensch ist ein unverantwortliches Wesen, das keinen permanenten Schwerpunkt besitzt. Der Mensch ist kein gelungenes Wesen! Der Mensch ist noch kein Mensch, er ist nur ein intellektuelles Tier. Es ist ein großer Fehler, die Legion des *Ichs* Seele zu nennen. In Wahrheit hat der Mensch in seiner Essenz das psychische Material, das Material für die Seele, aber er hat noch keine Seele.

Die Evangelien sagen: „Was nützt es dir, die Welt zu gewinnen, wenn du dabei die Seele verlierst.“ Jesus sagte zu Nikodemus, dass es notwendig wäre, aus dem Wasser und dem Geist geboren zu werden, um die Attribute, die einer wahren Seele entsprechen, zu genießen.

Es ist unmöglich, die Seele herzustellen, wenn wir nicht durch den mystischen Tod hindurchgehen.

Nur indem das Ich stirbt, können wir ein fortwährendes Zentrum in unserer eigenen inneren Essenz errichten. Dieses Zentrum ist das, was Seele genannt wird. Nur ein Mensch mit Seele kann wirkliche Kontinuität in seinen Vorsätzen haben.

Nur in einem Menschen mit Seele existieren keine inneren Widersprüche und es gibt wirklichen inneren Frieden.

Das *Ich* vergeudet ungeschickt das psychische Material, Kathexis, in Zornausbrüchen, Gier, Lüsternheit, Neid, Stolz, Faulheit, Gefräßigkeit usw. Es ist logisch, dass, solange das psychische Material, Kathexis, sich nicht ansammelt, die Seele auch nicht hergestellt werden kann.

Um etwas herzustellen, bedarf es zuerst des Rohmaterials. Ohne diese prima materia kann nichts hergestellt werden, denn von nichts kommt nichts.

Sobald das Ich zu sterben beginnt, wird die prima materia angesammelt. Sobald sich die prima materia ansammelt, beginnt der Aufbau eines Zentrums ständigen Bewusstseins. Wenn das Ich völlig gestorben ist, hat sich das Zentrum ständigen Bewusstseins vollkommen errichtet.

Das Kapital der psychischen Materie häuft sich an, wenn das Ego stirbt, da der Energieverschwender schon beseitigt ist. So bildet sich das dauerhafte Zentrum des Bewusstseins.

Dieses wunderbare Zentrum ist die Seele. Man kann der Gnosis nur treu sein, man kann nur Zielstrebigkeit besitzen, wenn man in sich das dauerhafte Zentrum des Bewusstseins entwickelt hat.

Diejenigen, die dieses Zentrum nicht haben, können heute für die Gnosis sein und morgen gegen sie, heute in dieser Schule und morgen in einer anderen.

Diese Art von Menschen hat keine reale Existenz. Der mystische Tod ist ein steiniges und schwieriges Gebiet der dialektischen Revolution.

Die losgelöste Kathexis wird durch konsequentes Verstehen aufgelöst. Das Zusammenleben mit den Nächsten, die Beziehung zu den Leuten, ist der Spiegel, in dem wir uns ganzheitlich sehen können. Im Umgang mit den Leuten kommen unsere Fehler zum Vorschein, sie blühen auf, und wenn wir wachsam sind, dann können wir sie sehen.

Jeder Fehler muss zuerst intellektuell analysiert und anschließend in der Meditation studiert werden.

Viele Individuen haben die perfekte Keuschheit und die absolute Heiligkeit in der physischen Welt erreicht, aber sie erwiesen sich als große Hurer und schreckliche Sünder, wenn sie in den höheren Welten auf die Probe gestellt wurden.

Sie hatten ihre Fehler in der physischen Welt überwunden, aber auf anderen Niveaus des Verstandes blieben ihre losgelösten Kathexen weiter bestehen.

Wenn man einen Fehler auf allen Niveaus des Verstandes vollständig begriffen hat, löst sich seine zugehörige losgelöste Kathexis auf, das heißt, ein kleines Ich stirbt.

Es ist notwendig, Augenblick für Augenblick zu sterben. Mit dem Tod des Ichs wird die Seele geboren. Wir benötigen den vollkommenen Tod des pluralisierten Ichs, damit sich die verbundene Kathexis, das Sein, vollständig ausdrücken kann.

Wie man die losgelöste Kathexis auflöst

Nur indem wir die losgelöste Kathexis, das *Ich*, minutiös studieren, können wir sie völlig auflösen.

Wir müssen die Denkprozesse minutiös beobachten, die verschiedenen Funktionalismen des Begehrens, die Gewohnheiten, die unserer Persönlichkeit Gestalt geben, die Sophismen der Ablenkung, den Trug des Egos und unsere sexuellen Impulse.

Man muss studieren, wie diese auf die Eindrücke der äußeren Welt reagieren und sehen, wie sie sich mit ihnen verbinden. Indem man alle Prozesse der losgelösten Kathexis, des pluralisierten Ichs, versteht, lösen sie sich auf. Nur dann manifestiert sich durch uns und in uns das Göttliche.

Die Nachlässigkeit

Die Nachlässigkeit und die Unachtsamkeit führen alle menschlichen Wesen zum Scheitern. Nachlässig, negligent zu sein, ist sozusagen Nec Legere, d. h. nicht zu wählen, sich in die Hände des Fiaskos zu begeben.

Die Nachlässigkeit kommt vom Ego und ihr Gegenteil ist die Intuition, die dem Sein angehört. Das Ego kann weder wählen noch unterscheiden, das Sein jedoch schon. Nur durch die lebendige Inkarnation der Revolution der Dialektik werden wir lernen zu wählen, um nicht noch mehr Missgeschick im Leben zu erfahren.

Die Transaktion

Neunundneunzig Prozent der menschlichen Gedanken sind negativ und voller Vorurteile. Was wir hier sind, ist das Resultat unserer eigenen mentalen Prozesse. Der Mensch muss seinen eigenen Verstand selbsterforschen, wenn er sich korrekt identifizieren, bewerten und selbsteinschätzen will.

Die Schwierigkeit der tiefen, introspektiven Analyse besteht in der Kontratransferenz. Diese Schwierigkeit löst sich mittels der Struktur- und Transaktionsanalyse auf.

Es ist wichtig, gewisse psychische Aggregate, die unerwünschterweise in unserem Verstand in traumatischer Form fixiert sind, abzusondern und auszumerzen. Die Transaktions- und die Strukturanalyse verbinden sich auf intelligente Art in dieser Frage der Erforschung des *Ichs*. Jegliches psychische Aggregat muss zuerst, vor seiner endgültigen Auflösung, abgesondert werden.

Der persönliche psychologische Charakterzug

Alle menschlichen Wesen sind zu 100% mechanisch. Unbewusst arbeiten sie mit einem schlafenden Bewusstsein, sie leben wie im Schlaf, ohne zu wissen woher sie kommen oder wohin sie gehen, sie sind tief hypnotisiert. Die Hypnose, die kollektiv ist und in der ganzen Natur wirkt ist zurückzuführen auf das scheußliche Organ Kundartiguador. Diese Rasse ist hypnotisiert, unbewusst, versunken in tiefstem Schlaf.

Es ist nur möglich aufzuwachen, indem man das Ich, das Ego, zerstört. Wir müssen mit völliger Klarheit erkennen, dass wir einige Male über den persönlichen psychologischen Charakterzug – PPC – jedes Menschen gesprochen haben.

Sicherlich, jede Person hat ihren persönlichen psychologischen Charakterzug. Die einen werden als Charakterzug die Lüsternheit haben, die anderen den Hass, andere wiederum die Habsucht usw. Der Charakterzug ist die Summe verschiedener psychologischer, charakterlicher Besonderheiten.

Um jeden PPC existiert immer ein bestimmtes Ereignis, ein präziser Umstand. Was ist mit einem Menschen, der lüstern ist? In seinem Leben werden immer Umstände der Lüsternheit aufkommen, die von bestimmten Problemen begleitet sind. Diese Umstände wiederholen sich ständig.

Wenn wir zu einem höheren Niveau des Seins gelangen und die unerwünschten Elemente, die den psychologischen Charakterzug bilden, in uns entfernen wollen, müssen wir unseren PPC kennenlernen.

Es gibt im Leben eine konkrete Tatsache und das ist die Diskontinuität der Natur. Alle Phänomene in der Natur sind diskontinuierlich und das bedeutet, dass wir durch die Evolution niemals die Vollkommenheit erreichen werden. Wir müssen uns zu wahren Sonnenmenschen, im vollständigsten Sinne des Wortes, verwandeln.

Ein Niveau ist das der würdigen und bescheidenen Frau, ein anderes ist das einer unwürdigen und maßlosen Frau. Es gibt verschiedene Niveaus des Seins.

Haben wir uns schon Rechenschaft über unser eigenes Niveau des Seins abgelegt, über das Niveau des Seins, auf dem wir uns befinden? Sind wir uns dessen bewusst, dass wir hypnotisiert sind und schlafen?

Das intellektuelle Tier identifiziert sich nicht nur mit den äußeren Dingen, sondern auch mit sich selbst, mit seinen lüsternen Gedanken, seinen Saufgelagen, seinem Zorn, seiner Habsucht, seiner Selbst-Wichtigkeit, seiner Eitelkeit, dem mystischen Stolz, dem Eigenlob usw.

Haben wir etwa jemals darüber nachgedacht, dass wir uns nicht nur mit dem Äußeren, sondern auch mit dem identifizieren, was Eitelkeit und

Stolz ist? Zum Beispiel: Heute haben wir triumphiert! Jedoch haben wir über den Tag triumphiert oder der Tag über uns? Sind wir sicher, dass wir uns nicht mit irgendeinem krankhaften, habgierigen, stolzen Gedanken identifiziert haben, mit einer Beleidigung oder mit irgendwelchen Sorgen oder Schulden usw.? Sind wir sicher, dass wir über den Tag triumphiert haben, oder hat der Tag über uns triumphiert?

Was haben wir heute gemacht? Haben wir uns schon Rechenschaft über das Niveau des Seins, auf dem wir uns befanden, abgelegt. Gelangten wir auf ein höheres Niveau des Seins oder blieben wir, wo wir waren?

Glauben wir etwa, dass es möglich ist, auf ein höheres Niveau des Seins zu gelangen, ohne bestimmte psychologische Fehler beseitigt zu haben? Sind wir etwa zufrieden mit dem Niveau des Seins, auf dem wir uns im Augenblick befinden? Wenn wir weiterhin unser ganzes Leben auf einem Niveau des Seins bleiben, was tun wir dann überhaupt?

Auf jedem Niveau des Seins existieren bestimmte Bitterkeiten, bestimmte Leiden, das ist offensichtlich. Alle beklagen sich darüber, dass sie leiden, dass sie Probleme haben, über den Zustand, in dem sie sich befinden und über ihre Kämpfe. Deshalb stelle ich eine Frage: kümmert sich das intellektuelle Tier darum, auf ein höheres Niveau des Seins zu gelangen?

Es ist offensichtlich, solange wir weiterhin auf dem Niveau des Seins bleiben, auf dem wir sind, werden sich aufs Neue alle widrigen Umstände, die wir schon kennen, und alle Bitterkeiten, in denen wir uns befinden, wiederholen müssen. Immer wieder werden die gleichen Schwierigkeiten auftauchen.

Wollen wir etwas ändern? Wollen wir die wirtschaftlichen, politischen, sozialen, spirituellen, familiären, sexuellen Probleme, die uns quälen, überwinden? Wollen wir uns von den Schwierigkeiten befreien? Wir brauchen nur auf einem höheren Niveau des Seins zu denken.

Jedes Mal wenn wir einen Schritt in Richtung eines höheren Niveaus des Seins machen, gewinnen wir Unabhängigkeit von den ausübenden Kräften der losgelösten Kathexis.

Also liegen wir völlig falsch, wenn wir unseren PPC nicht kennen. Wir müssen ihn kennen, wenn wir ein höheres Niveau des Seins erreichen und uns von den unerwünschten Elementen befreien möchten, die diesen PPC bilden. Wie wollen wir ansonsten ein höheres Niveau des Seins erreichen? Das intellektuelle Tier will aufhören, zu leiden, aber es tut nichts, um sich zu ändern, es kämpft nicht darum, ein höheres Niveau des Seins zu erreichen. Wie soll sich dann etwas ändern?

Alle Phänomene der Natur sind diskontinuierlich, das Dogma der Evolution dient zu nichts anderem, als zu unserer Stagnation. Ich kenne viele Pseudo-Esoteriker, ehrliche Leute mit einem guten Herzen, die im Dogma der Evolution gefangen sind und erwarten, dass die Zeit sie vollkommen mache, aber es vergehen Millionen von Jahren und sie werden niemals vollkommen. Warum? Weil solche Personen nichts tun, um das Niveau des Seins zu verändern; sie bleiben immer auf der gleichen Stufe. Deshalb ist es notwendig, jenseits der Evolution zu gelangen und uns auf den revolutionären Weg, den Weg der Revolution des Bewusstseins oder der Dialektik zu begeben.

Die Evolution und die Involution sind zwei Gesetze, die zur gleichen Zeit in der ganzen Schöpfung wirken. Sie bilden die mechanische Achse der Natur, aber niemals führen sie uns zur Befreiung.

Die Gesetze der Evolution und der Involution sind rein materiell und haben nichts mit der innersten Selbstverwirklichung des Seins zu tun. Wir leugnen sie nicht, sie existieren, aber sie dienen nicht der revolutionären Psychologie. Wir müssen revolutionär sein, wir müssen uns auf den Weg der Revolution des Bewusstseins begeben. Wie könnten wir auf ein höheres Niveau des Seins gelangen, wenn wir nicht revolutionär wären? Betrachten wir die verschiedenen Sprossen einer Leiter, sie sind diskontinuierlich. Ebenso sind es die verschiedenen Niveaus des Seins.

Jedem Niveau des Seins entspricht eine bestimmte Reihe von Aktivitäten. Wenn man auf ein höheres Niveau des Seins gelangt, muss man einen Sprung machen und all die Aktivitäten, die zu dem unteren Niveau des Seins gehörten, aufgeben.

Mir kommen noch jene Zeiten meines Lebens, vor 20, 30, 40 Jahren in den Sinn, die transzendiert wurden. Warum? Weil ich höhere Niveaus des Seins fand. Das war das Wichtigste für mich. Meine Aktivitäten jener Zeit wurden aufgegeben, eingestellt, weil es auf den höheren Stufen des Seins andere Aktivitäten gibt, die völlig anders sind.

Wenn wir ein höheres Niveau des Seins erreichen, müssen wir vieles aufgeben, was uns im Moment wichtig ist, was zu dem Niveau gehört, auf dem wir uns befinden. Der Schritt auf ein anderes Niveau des Seins ist also ein Sprung, und dieser Sprung ist rebellisch, niemals aber evolutionär, sondern revolutionär, dialektisch.

Es gibt Menschen, Großmäuler, die sich wie Götter fühlen, diese Klasse von Menschen sind Mythomanen der schlimmsten Art. Derjenige, der sich für weise hält, weil er einige pseudoesoterische Kenntnisse in seinem Verstand hat, und der denkt, er sei schon ein großer Eingeweihter, ist der Mythomanie verfallen, er ist von sich selbst erfüllt. Jeder von uns ist nichts weiter als ein elender Wurm aus dem Schlamm der Erde. Wenn ich so spreche, beginne ich gleich bei mir. Von sich selbst erfüllt zu sein, falsche Bilder, Fantasien von sich selbst zu haben, heißt auf den unteren Niveaus des Seins zu sein.

Man identifiziert sich mit sich selbst, wenn man denkt, dass man viel Geld haben wird, das schönste und neueste Auto, dass die Freundin einen liebt, ein großer Herr oder ein Weiser zu sein. Es gibt viele Arten sich mit sich selbst zu identifizieren. Man muss damit beginnen, sich nicht mit sich selbst zu identifizieren, und danach muss man es vermeiden, sich mit den äußeren Dingen zu identifizieren.

Wenn sich jemand zum Beispiel nicht mit demjenigen identifiziert, der ihn beleidigt, vergibt er ihm, liebt er ihn, kann er ihn nicht verletzen; und wenn man jemanden in seiner Eigenliebe verletzt, dieser sich aber nicht mit der Eigenliebe identifiziert, dann ist es klar, dass er keinerlei Schmerz fühlen kann, da ihn nichts schmerzt.

Wenn sich jemand nicht mit der Eitelkeit identifiziert, macht es ihm nichts aus, auch mit geflickten Hosen auf die Straße zu gehen. Warum? Weil er nicht mit der Eitelkeit identifiziert ist.

Wenn wir uns als Allerersten mit uns selbst identifizieren und dann auch noch mit den Eitelkeiten der äußeren Welt, dann können wir nicht vergeben; erinnern wir uns an die Rede des Herrn: „Vergib uns unsere Schuld, wie auch wir vergeben unseren Schuldigern." Aber ich sage etwas mehr: Es genügt nicht, einfach zu vergeben, man muss die Schulden auslöschen. Jemand könnte zwar einem Feind vergeben, ohne aber dessen Schulden auszulöschen. Man muss ernsthaft sein, wir müssen auslöschen.

Das Evangelium des Herrn sagt auch: „Selig die Sanftmütigen, denn ihrer wird die Erde sein." Das ist ein Satz, den keiner verstanden hat. Die Seligen nennen wir die, die ohne Groll sind. Wenn jemand Groll in sich trägt, wie kann er sanft sein? Der Grollende erstellt ständig Rechnungen: ich habe ihm so viele Gefallen getan ... ich habe ihn begünstigt, ich habe ihm so viel Gutes getan und schau, wie mich dieser Freund bezahlt hat, dem ich soviel gedient habe und der nun nicht fähig ist, mir zu dienen. Das sind die *Rechnungen* des Grollerfüllten.

Wie könnte einer sanftmütig sein, der voller Ressentiments ist? Wer voller Ressentiment ist, erstellt ständig Rechnungen, kann also nicht sanftmütig sein. Wie könnte er selig sein?

Was versteht man unter selig? Was versteht man unter Glück? Sind wir sicher, dass wir glücklich sind? Wer ist glücklich? Ich habe Personen kennengelernt, die sagten: „Ich bin glücklich! Ich bin zufrieden mit meinem Leben." Aber dieselben hörte ich sagen: „Mich ärgert ein gewisser Herr Soundso. — Der Kerl nervt mich. — Ich weiß nicht, warum man nicht das tut, was ich mir so sehr gewünscht habe." Also sind sie nicht glücklich. In Wirklichkeit sind sie nur Heuchler, das ist alles.

Glücklich sein ist sehr schwierig, dazu bedarf es vor allem Sanftmut. Das Wort Seligkeit bedeutet inneres Glück, nicht erst in 1000 Jahren, sondern jetzt und hier, in dem Moment, in dem wir gerade leben.

Wenn wir wirklich mit der Nicht-Identifizierung sanftmütig werden, dann erreichen wir es, glücklich zu sein. Aber es ist nicht allein notwendig, uns nicht mit unseren Gedanken der Lüsternheit, des Hasses, der Rache, des Streites, der Ressentiments zu identifizieren, nein, wir müssen in uns auch die roten Dämonen Seths ausrotten, diese psychischen Aggregate, die unsere psychologischen Fehler verkörpern.

Wir müssen zum Beispiel verstehen, wie der Prozess der Ressentiments abläuft, man muss eine Sezierung der Ressentiments vornehmen. Wenn man zu dem Schluss kommt, dass die Ressentiments darauf zurückzuführen sind, dass wir in unserem Inneren Eigenliebe besitzen, dann kämpfen wir, um das Ego der Eigenliebe zu beseitigen. Aber um es beseitigen zu können, muss man es verstehen. Wir könnten es nicht beseitigen, wenn wir es zuvor nicht verstanden haben.

Um es beseitigen zu können, ist Devi Kundalini Shakti notwendig, nur sie allein kann irgendeinen psychologischen Defekt ausmerzen, einschließlich des *Ichs* der Selbstliebe.

Sind wir sicher, dass wir niemandem grollen? Wer von uns ist sicher, nicht zu grollen, nicht Rechnungen aufzustellen? Wer?

Wenn wir uns von der lunaren Mechanik unabhängig machen wollen, müssen wir in uns selbst das Ich der Ressentiments und der Eigenliebe beseitigen. Wenn man das versteht, schreitet man voran auf dem Weg, der zur endgültigen Befreiung führt.

Nur durch das Feuer des Widders, des Schafbockes, des inkarnierten Lammes, des innersten Christus, können wir die unmenschlichen Elemente, die wir in uns tragen, verbrennen. In dem Maße, wie das Bewusstsein sich aus seiner Kapsel löst, werden wir erwachen.

Das Bewusstsein kann nicht erwachen, solange es weiterhin eingekapselt ist zwischen den psychischen Aggregaten, die in ihrer Gesamtheit das *Ich-Selbst*, das *Ich*, die losgelöste Kathexis bilden. Wir müssen durch den mystischen Tod hindurchgehen, hier und jetzt. Wir müssen Augenblick um Augenblick sterben, nur durch den Tod kommt das Neue auf. Wenn der Keim nicht stirbt, wird die Pflanze nicht geboren. Wir müssen lernen zu leben, uns von diesem lunaren Erbe, das wir haben, befreien.

Die Methodik der Arbeit

Bevor wir den PPC kennen und auflösen, müssen wir grundsätzlich intensiv und in Beziehung zu allen Defekten arbeiten, weil der PPC sehr tiefe Wurzeln hat, die aus vergangenen Existenzen stammen. Um ihn zu erkennen, ist es notwendig, unermüdlich und mit Methodik mindestens 5 Jahre gearbeitet zu haben.

Wir müssen Ordnung in der Arbeit und Präzision in der Beseitigung der Defekte haben. Zum Beispiel: Während des Tages zeigen sich in uns am Morgen die Defekte der Lüsternheit, am Nachmittag die des Stolzes und in der Nacht die des Zorns. Zweifelsohne sehen wir hier eine Folge von Taten und Äußerungen. Daher fragen wir uns: „Wie und an welchem Defekt, der sich während des Tages gezeigt hat, müssen wir arbeiten?“

In Wirklichkeit ist die Antwort einfach. Wenn die Nacht oder die Stunde der Meditation kommt, gehen wir mit entspanntem Körper zur Übung der Rückschau über und betrachten die Taten und Äußerungen des Egos während des Tages. Haben wir sie rekonstruiert, geordnet und nummeriert, fahren wir fort mit der Arbeit des Verstehens.

Zuerst arbeiten wir an einem egoischen Ereignis, dem wir ca. 20 Minuten widmen sollten, dann an einem anderen psychologischen Vorfall, dem wir 10 Minuten widmen sollten und 15 Minuten an einer anderen

Äußerung. Alles hängt von der Schwere und Intensität der egoischen Ereignisse ab.

Sind die Taten und Äußerungen der losgelösten Kathexis, des Ich selbst, geordnet, können wir nachts oder zur Stunde der Meditation ruhig und mit methodischer Ordnung arbeiten.

Jede Arbeit über diesen oder jenen Defekt, dieses oder jenes Ereignis und Äußerung beinhaltet folgende Faktoren: Entdeckung, Verurteilung und Exekution. Bei jedem psychologischen Aggregat wendet man die drei genannten Faktoren so an: Entdeckung, wenn man es in Aktion, in seiner Äußerung gesehen hat. Verurteilung oder Verständnis, wenn man alle seine Wurzeln erkannt hat. Exekution, mit Hilfe der göttlichen Mutter Kundalini, durch die weise Praktik der sexuellen Superdynamik.

Die Sophismen der Ablenkung

Sophismen sind die falschen Begründungen, die zu Irrtum führen und auf den 49 Ebenen des Unterbewusstseins vom *Ich* ersonnen wurden.

Das Unterbewusstsein ist das Grab des Vergangenen, über dem das Irrlicht der Gedanken brennt und wo die Sophismen der Ablenkung ersonnen werden; diese führen das intellektuelle Tier in die Faszination und schließlich in den Schlaf des Bewusstseins. Innerhalb des Grabes sind Fäulnis und Totengebein, der Grabstein jedoch ist sehr schön und über ihm brennt verhängnisvoll die Flamme des Intellekts.

Wenn wir das Ich auflösen wollen, müssen wir das Grab des Unterbewusstseins öffnen und all die Gebeine und Fäulnis der Vergangenheit exhumieren. Von außen ist das Grab sehr schön, aber im Inneren voller Unrat und abscheulich. Wir müssen zu Totengräbern werden.

Jemanden zu beleidigen, ihn in seinen innersten Gefühlen zu verletzen, ihn zu erniedrigen, ist sehr einfach, wenn es darum geht, ihn scheinbar zu seinem eigenen Wohl zurechtzuweisen. So denken die Jähzornigen, jene, welche glauben, nicht zu hassen, aber hassen, ohne es zu wissen.

Es gibt viele Menschen, die im Leben darum kämpfen, reich zu werden. Sie arbeiten, sparen, geben bei allem ihr Bestes, aber die geheime Triebfeder all ihrer Handlungen ist der verborgene Neid, der unerkannt ist, der nicht an der Oberfläche erscheint, der sich im Grab des Unterbewusstseins versteckt. Es ist sehr schwer, im Leben jemanden zu finden, der nicht neidisch ist auf ein schönes Haus, ein nagelneues Auto, die Intelligenz einer führenden Persönlichkeit, schöne Kleider, eine gute gesellschaftliche Position, ein großes Vermögen usw.

Fast immer haben die größten Bemühungen der Menschen den Neid als geheime Triebfeder.

Viele Leute erfreuen sich eines guten Appetites und verabscheuen Gefräßigkeit, aber sie essen immer viel mehr als nötig.

Viele Leute haben ein besonders wachsames Auge auf ihre Ehepartner, aber sie verabscheuen Eifersucht.

Viele Schüler gewisser pseudo-esoterischer und pseudo-okkultistischer Schulen verabscheuen die Dinge dieser Welt und arbeiten nicht, weil all das Eitelkeit ist, aber sie eifern ihren Tugenden nach und akzeptieren es niemals, als faul bezeichnet zu werden.

Es gibt viele, die zwar Schmeichelei und Lob hassen, denen es aber nichts ausmacht, den armen Dichter mit ihrer Bescheidenheit zu demütigen, der ihnen einen Vers dichtete, nur um einen Laib Brot kaufen zu können.

Es gibt viele Richter, die ihrer Pflicht nachzugehen wissen, aber es gibt auch viele, die durch die Tugend der Pflicht andere umbringen. Die Köpfe, die in der Französischen Revolution durch die Guillotine fielen, waren zahllos.

Alle Henker tun ihre Pflicht und man zählt schon Millionen unschuldiger Opfer. Kein Henker fühlt sich schuldig, jeder erfüllt seine Pflicht ...

Die Gefängnisse sind voll von Unschuldigen, die Richter jedoch fühlen keine Schuld, denn sie tun ihre Pflicht.

Väter und Mütter, voller Zorn, schlagen ihre Kinder, aber sie fühlen keine Gewissensbisse, weil sie angeblich ihre Pflicht tun und sie würden alles akzeptieren, nur nicht als grausam bezeichnet zu werden.

Nur mit einem ruhigen und schweigenden Verstand, versunken in tiefe Meditation, können wir all die verborgene Fäulnis, die wir in uns tragen, aus dem Grab des Unterbewusstseins hervorholen. Es ist nicht im Mindesten angenehm, das schwarze Grab mit all den Gebeinen und der Fäulnis der Vergangenheit anzublicken.

Im Grab riecht jeder versteckte Defekt abscheulich, aber sobald man ihn sieht, ist es einfach, ihn im Feuer zu Asche zu verwandeln.

Das Feuer des Verstehens lässt die Fäulnis der Vergangenheit zu Staub zerfallen. Beim Analysieren des Unterbewusstseins begehen viele Schüler der Psychologie den Fehler, sich zu teilen in Analysierenden und Analysierten, in Intellekt und Unterbewusstsein, in Subjekt und Objekt, in Wahrnehmer und Wahrgenommenen.

Diese Arten der Unterscheidung sind Sophismen der Ablenkung, die das Ich uns präsentiert. Diese Arten der Unterscheidung erzeugen Antagonismen und Kämpfe zwischen Intellekt und Unterbewusstsein, und wo Kämpfe und Schlachten sind, kann keine Ruhe und Stille des Verstandes aufkommen. Nur mit Ruhe und mentaler Stille können wir aus dem schwarzen Grab des Unterbewusstseins die Fäulnis der Vergangenheit hervorholen.

Sagen wir nicht, mein Ich hat Neid, Hass, Eifersucht, Zorn, Lüsternheit usw., es ist besser, uns nicht zu teilen, besser ist es zu sagen: „Ich habe Neid, Hass, Eifersucht, Zorn, Lüsternheit usw."

Wenn wir die heiligen Bücher Indiens studieren, dann erfüllen uns die Gedanken an den höchsten Brahma, an die Verbindung von Atman mit Brahma mit Enthusiasmus. Jedoch, solange ein psychologisches Ich mit seinen Ablenkungs-Sophismen existiert, werden wir nicht das Glück erlangen können, uns mit dem universalen Lebensgeist zu vereinen. Wenn das Ich tot ist, ist der universale Geist des Lebens in uns wie die Flamme in einer Lampe.

Der Trug des Egos

Der Trug des Egos besteht in der Gewohnheit, ohne Grenzen zu täuschen, dies findet seinen Ablauf in den Serien von *Ichs.* Jede Person kann den Fehler begehen, sich eine Kugel in den Kopf zu jagen, so wie es die feigen und dummen Selbstmörder tun, das berühmte Ich der Psychologie wird niemals Selbstmord begehen können.

Die Leute aller esoterischen Schulen haben wunderbare Ideale und sogar sublime Absichten, aber all dies existiert auf dem Terrain des subjektiven miserablen Denkens, dies alles gehört zum *Ich.*

Das Ich ist immer pervers; manchmal schmückt es sich mit schönen Tugenden und kleidet sich sogar mit der Tunika der Heiligkeit.

Wenn das Ich aufhören möchte zu existieren, dann nicht aus einer interesselosen reinen Absicht heraus, es will in einer anderen Form weiterexistieren, es trachtet nach Belohnung und Glück.

In diesen mechanisierten Zeiten des Lebens herrscht Serienproduktion: Automobil-Serien, Flugzeug-Serien, Maschinen-Serien verschiedener Marken, alles ist zu Serien geworden, sogar das Ich selbst ist Serie.

Wir haben die Serien des Ichs kennenzulernen. Das Ich drückt sich in zahllosen Serien von Gedanken, Gefühlen, Wünschen, von Haß, Gewohnheiten usw., aus.

Wollen die Divisionisten fortfahren, ihr Ego in *Höheres* und *Niederes* aufzuteilen, dann sollen sie selbst weitersuchen mit all ihren Theorien und ihrem so abgegriffenen höheren und ultra-göttlichen, welches das unglückliche niedere Ich kontrolliert. Wir wissen genau, dass diese Trennung zwischen höherem Ich und niederem *Ich* hundertprozentig falsch ist. Höheres und Niederes sind Abschnitte ein und derselben Sache. Höheres *Ich* und niederes *Ich* sind zwei Abschnitte des Satans, das *Ich.*

Kann vielleicht ein Teil des Ichs den anderen Teil des *Ichs* zu Staub verwandeln? Kann vielleicht ein Teil des Ich-Selbst einen anderen Teil des Ich-Selbst in Verbannung schicken?

Das Einzige, was wir machen können, ist schlau zu verbergen, was nicht unserem Interesse dient, unsere Perversitäten zu verstecken und mit dem Anblick eines Heiligen zu lächeln, das ist der Trug des Egos, die Gewohnheit zu täuschen. Ein Teil des *Ich-Selbst* kann einen anderen Teil des *Ich-Selbst* verstecken. Ist dies verwunderlich? Versteckt die Katze vielleicht nicht ihre Krallen? Das ist der Trug des Egos. Wir alle tragen den Pharisäer im Innern, nach außen sind wir sehr schön, aber innen schon verfault.

Wir haben Pharisäer kennengelernt, die uns mit Entsetzen erfüllen. Wir kannten einen, der die makellose Tunika des Meisters trug, sein Haar war lang, und niemals schnitt das Rasiermesser seinen ehrwürdigen Bart. Dieser Mann erschreckte mit seiner Heiligkeit die ganze Welt, er war hundertprozentiger Vegetarier, trank nichts, was Alkohol enthalten könnte, die Leute knieten vor ihn nieder.

Wir erwähnen den Namen dieses Schokoladenheiligen nicht, wir begnügen uns damit, zu sagen, dass er seine Frau und seine Söhne verlassen hat, um angeblich dem Pfad der Heiligkeit zu folgen.

Er predigte Schönheiten und sprach Schreckliches gegen den Ehebruch und die Hurerei, aber insgeheim hatte er viele Konkubinen und schlug seinen Anhängerinnen unnatürliche sexuelle Verbindungen mittels ungeeigneter Gefäße vor. Er war ein Heiliger, ja, ein Schokoladenheiliger.

So sind die Pharisäer. „Wehe euch, Schriftgelehrte und heuchlerische Pharisäer, warum reinigt ihr die Becher und Teller äußerlich, denn innerlich seid ihr voller Raub und Ungerechtigkeit."

Ihr esst kein Fleisch, trinkt keinen Alkohol, raucht nicht. Wahrlich zeigt ihr euch der Menschheit gerecht, aber innen seid ihr voller Heuchelei und Bosheit. Der Pharisäer mit seinem Trug des Egos versteckt die Delikte vor fremden Augen und auch vor sich selbst.

Wir kennen Pharisäer, die fürchterliches Fasten und schreckliche Bußgänge aushalten, sie sind überzeugt, gerecht und weise zu sein, aber ihre Opfer weinen unsagbar. Fast immer sind ihre Ehefrauen, ihre Söhne die unschuldigen Opfer ihrer Übeltaten, aber sie fahren in der Überzeugung, gerecht und heilig zu sein, mit ihren heiligen Übungen fort.

Das sogenannte höhere Ich sagt: „Ich werde den Zorn, die Habsucht, die Lüsternheit usw., besiegen", aber das sogenannte untere *Ich* lacht dann mit dem tosenden Gelächter des Aristophanes, und die in Schrecken versetzten Dämonen der Leidenschaften laufen, um sich in den geheimen Höhlen der verschiedenen Terrains des Verstandes zu verstecken. So ist es, wie der Trug des Egos funktioniert.

Jede intellektuelle Anstrengung, das Ich aufzulösen, ist vergebens, da jegliche Verstandesbewegung dem *Ich* angehört. Jedes Teil des Ich-Selbst kann gute Absichten haben. Na und? Der Weg, der in den Abgrund führt, ist gepflastert mit guten Absichten. Kurios ist dieses Spiel, dieser Trug des einen Teiles des Ich-Selbst, welches den anderen Teil des Ich-Selbst kontrollieren möchte, der aber gar nicht kontrolliert werden will.

Rührend sind die Bußgänge dieser Heiligen, die ihren Ehefrauen oder Kindern Leid zufügen. Witzig ist all der Sanftmut der *Schokoladenheiligen*. Bewundernswert ist die Beredsamkeit der Besserwisser. Na und? Das Ich kann nicht das Ich zerstören, und es verewigt sich über Jahrmillionen hinweg in unseren Nachkommen.

Wir müssen uns entzaubern von allen nutzlosen Anstrengungen und allem Trug. Wenn das Ich das Ich zerstören will, ist die Anstrengung nutzlos. Nur indem wir zutiefst und wirklich die nutzlosen Schlachten der

Gedanken verstehen, nur indem wir die inneren und äußeren Aktionen und Reaktionen, die geheimen Antworten, die verborgenen Triebfedern, die versteckten Impulse usw. verstehen, können wir die Ruhe und das gewaltige Schweigen des Verstandes erreichen.

Über den reinen Wassern der Ozeane des universellen Geistes können wir im Zustand der Ekstase alle Teufeleien des vielfältigen Ichs betrachten.

Wenn sich das Ich nicht mehr verstecken kann, ist es zur Todesstrafe verurteilt. Dem *Ich* gefällt es, sich zu verstecken, aber wenn es sich nicht mehr verstecken kann, ist das Unglückliche verloren. Nur in der Ruhe der Gedanken sehen wir das Ego, so wie es ist, nicht wie es scheint. Das *Ich* sehen und verstehen ist eins. Das Ego ist gescheitert, sobald wir es verstanden haben, denn dadurch verwandelt es sich unvermeidlich zu Staub.

Die Stille des Ozeans des Verstandes ist kein Ergebnis, sie ist ein natürlicher Zustand. Die aufgebrachten Wellen des Denkens sind lediglich eine Zufälligkeit, hervorgerufen durch das Monster des Ichs.

Der eingebildete Verstand, der alberne Verstand, der Verstand, der sagt: „Mit der Zeit werde ich die Gelassenheit erreichen, an irgendeinem Tag werde ich es erreichen;“ ist zum Scheitern verurteilt, weil die Gelassenheit des Geistes nicht der Zeit angehört. All das, was der Zeit angehört, ist des Ichs. Das Ich selbst gehört der Zeit an.

Jene, welche die Ruhe der Gedanken konstruieren wollen, sie konstruieren, wie man eine Maschine zusammensetzt und auf intelligente Weise jedes ihrer Teile zusammenfügt, sind in der Tat gescheitert, denn die Ruhe des Verstandes besteht nicht aus verschiedenen Teilen, die auf- oder abgebaut, organisiert oder desorganisiert, verbunden oder gelöst werden können.

Die Anstrengung

Um die Wahrheit zu erfahren, benötigt man keinerlei Anstrengung. Die Leute sind gewohnt, alles mit Anstrengung zu tun und nehmen so fälschlicherweise an, dass es unmöglich ist, die Wahrheit ohne Anstrengung zu erfahren.

Wir brauchen vielleicht Anstrengung, um uns das tägliche Brot zu verdienen oder um Fußball zu spielen, oder um eine schwere Last zu tragen;

aber es ist absurd zu glauben, dass die Anstrengung notwendig sei, um das zu erfahren, was die Wahrheit ist. Das Verstehen ersetzt die Anstrengung, wenn es darum geht, die Wahrheit zu verstehen, die in den geheimen Tiefen eines jeden Problems versteckt liegt. Wir benötigen keinerlei Anstrengung, um alle und jeden einzelnen der Defekte zu verstehen, die wir in den verschiedenen Schichten des Verstandes versteckt halten.

Wir benötigen keine Anstrengung, um zu verstehen, dass der Neid eine der mächtigsten Triebfedern der sozialen Maschinerie ist. Warum wollen viele Leute weiterkommen? Warum wollen viele Leute wundervolle Häuser und sehr elegante Autos haben? Alle beneiden das, was der andere hat, der Neid ist Trauer um des Anderen Hab und Gut.

Die eleganten Damen werden von weniger eleganten Damen beneidet und das dient dazu, den Kampf und den Schmerz zu verstärken. Diejenigen, die nicht haben, wollen haben und hören sogar auf zu essen, um sich Kleider zu kaufen und alle Arten von Zierrat mit dem einzigen Ziel, nicht weniger als die anderen zu sein.

Jeder Vorkämpfer eines großen Werkes wird von den Neidischen tödlich gehasst. Der Neid des Unvermögenden, des Besiegten, des Armseligen, tarnt sich mit der Richtertoga oder mit der Tunika der Heiligkeit und der Meisterschaft oder mit dem Sophismus, dem man applaudiert, oder mit der Schönheit der Demut.

Wenn wir vollständig verstehen, dass wir voller Neid sind, ist es logisch, dass der Neid schließlich aufhört, und an seiner Stelle erscheint der Stern, der sich freut und vor dem Glück der anderen erstrahlt. Es gibt Leute, die aufhören wollen, habgierig zu sein, aber sie begehren, nicht begierig zu sein, und gerade hier haben wir eine Form von Habgier.

Es gibt Männer, die sich anstrengen, die Tugend der Keuschheit zu erlangen, wenn sie aber auf der Straße ein hübsches Mädchen sehen, machen sie ihr schöne Worte, und wenn das Mädchen eine Freundin ist, können sie nicht umhin, sie mit Aufmerksamkeit zu überschütten, ihr Komplimente zu machen, sie zu bewundern, ihre guten Eigenschaften zu loben usw. Der Hintergrund all dieser Koketterie ist in den geheimen Triebfedern der unterbewussten, finsteren und verborgenen Lüsternheit zu finden.

Wenn wir ohne jegliche Anstrengung all jene Spiele der Lüsternheit verstehen, wird sie vernichtet und an ihrer Stelle wird die unbefleckte Blume der Keuschheit geboren.

Es ist nicht mit Anstrengung verbunden, wie wir diese Tugenden erlangen können. Das Ich wird gestärkt, wenn es sich anstrengt, Tugenden zu erlangen. Das *Ich* liebt Auszeichnungen, Medaillen, Titel, Ehren, Tugenden, schöne Qualitäten usw.

Die griechischen Überlieferungen erzählen, dass Aristippus, der Philosoph, seine Weisheit und Bescheidenheit zeigen wollte, indem er sich mit einer alten Tunika voller Flicken und Löcher bekleidete, den Stab des Philosophen nahm und durch die Straßen Athens ging. Als Sokrates ihn an seinem Haus vorbeikommen sah, rief er aus: „Oh Aristippus, man sieht deine Eitelkeit durch die Löcher deines Gewandes!“

Die Pedanten, die Eitlen, die Stolzen, die sich für sehr demütig halten, tragen die Tunika von Aristippus. Die Demut ist eine sehr exotische Blume; wer auch immer Demut vorgibt, ist voller Stolz.

Im praktischen Leben machen wir viele unnütze Anstrengungen, jedes Mal, wenn ein neues Problem uns quält. Wir appellieren an die Anstrengung, um es zu lösen, wir kämpfen und wir leiden, aber schließlich ist das Einzige, was wir erreichen, Dummheiten zu machen und uns die Existenz mehr und mehr zu komplizieren.

Die Desillusionierten, die Ernüchterten, jene, welche nicht einmal mehr denken wollen, jene, welche vitale Probleme nicht zu lösen vermochten, finden die Lösung, wenn ihr Verstand nüchtern und ruhig ist, wenn sie keine Hoffnung haben.

Keine Wahrheit kann man mittels der Anstrengung verstehen. Die Wahrheit kommt wie ein Dieb in der Nacht, dann, wenn man sie am wenigsten erwartet. Die außersensorischen Wahrnehmungen während der Meditation, die Erleuchtung, die Lösung irgendwelcher Probleme sind nur möglich, wenn weder bewusste noch unbewusste Art von Anstrengung existiert, wenn der Verstand sich nicht anstrengt, mehr zu sein, als er ist.

Der Stolz hüllt sich auch in Erhabenheit, der Verstand strengt sich an, mehr zu sein, als er ist. Der Verstand, der ruhig wie ein See ist, kann die Wahrheit erfahren, aber wenn der Verstand etwas Besonderes sein will, befindet er sich in Anspannung, ist er im Kampf und die Erfahrung der Wahrheit wird unmöglich.

Wir dürfen die Wahrheit nicht mit den Meinungen verwechseln. Viele meinen, dass die Wahrheit dieses oder jenes ist, oder dass die Wahrheit dieses oder jenes Buch ist, oder dieser oder jener Glauben, oder diese oder jene Idee usw. Wer die Wahrheit erfahren möchte, darf Glauben, Ideen, Meinungen und Theorien nicht mit dem verwechseln, was die Wahrheit ist.

Wir müssen die Wahrheit auf direkte, praktische und reale Weise erleben; dies ist nur in der Ruhe und Stille des Verstandes möglich, und dies erreicht man durch die Meditation.

Die Wahrheit erleben ist das Fundamentale. Nicht durch die Anstrengung können wir die Wahrheit erfahren. Die Wahrheit ist nicht das Resultat, die Wahrheit ist nicht das Produkt der Anstrengung. Die Wahrheit kommt in uns auf durch das tiefe Verstehen.

Wir brauchen Anstrengung, um am großen Werk zu arbeiten, Anstrengung, um unsere schöpferischen Energien zu transmutieren, Anstrengung, um zu leben, zu kämpfen und den Weg der integralen Revolution zu gehen, aber wir brauchen keine Anstrengung, um die Wahrheit zu verstehen.

Die psychologische Versklavung

Es besteht nicht der geringste Zweifel, dass wir am Rande eines dritten Weltkrieges stehen und aus diesem Grunde haben wir dieses Buch mit dem Titel *Die Revolution der Dialektik* geschrieben.

Die Zeiten haben sich geändert und wir treten in eine neue Ära unter dem erhabenen Donner der Gedanken ein. Nun ist eine revolutionäre Ethik erforderlich, die auf einer revolutionären Psychologie basiert.

Ohne eine fundamentale Ethik werden die besten sozialen und ökonomischen Formeln zu Staub. Es ist unmöglich, dass sich das Individuum umwandelt, wenn es sich nicht um die Auflösung des Ichs bemüht.

Die psychologische Versklavung zerstört das Zusammenleben. Psychologisch von jemandem abhängig zu sein ist Sklaverei. Wenn unsere Art zu denken, zu fühlen und zu handeln, von der Art zu denken, zu fühlen und zu handeln jener Personen abhängt, die mit uns zusammenleben, dann sind wir versklavt.

Ständig erhalten wir Briefe von vielen Menschen, die sich sehnlichst wünschen, das Ich aufzulösen, aber sie beklagen sich über die Ehefrau, die

Kinder, den Bruder, die Familie, den Ehemann, den Chef usw. Diese Leute fordern Bedingungen, um das *Ich* aufzulösen, sie wünschen Bequemlichkeiten, um das Ich auszumerzen, sie fordern ein ausgezeichnetes Benehmen von jenen, die mit ihnen zusammenleben.

Das Lustigste von all dem ist, dass diese armen Leute verschiedene Ausflüchte suchen, sie wollen fliehen, ihr Heim, ihre Arbeit verlassen usw., um sich angeblich selbst zu realisieren.

Arme Leute ..., ihre geliebten Qualen sind ihre Herren, natürlich! Diese Menschen haben nicht gelernt, frei zu sein, ihr Benehmen hängt von dem Benehmen anderer ab.

Wenn wir dem Pfad der Keuschheit folgen wollen und voraussetzen, dass zuerst die Frau keusch sei, dann sind wir gescheitert. Wenn wir aufhören wollen, Säufer zu sein, jedoch, sobald man uns ein Glas anbietet, wir darunter leiden, was unsere Freunde von uns denken könnten oder dass unsere Freunde böse werden könnten, dann werden wir niemals aufhören, Säufer zu sein.

Wollen wir aufhören, jähzornig, aufbrausend, wütend, rasend zu sein, aber als Erstes fordern, dass jene, die mit uns zusammenleben, sanft und ruhig sind und nichts tun, was uns stört, dann sind wir wirklich gescheitert, denn sie sind keine Heiligen und werden in irgendeinem Augenblick unsere guten Vorsätze zunichtemachen.

Wenn wir das Ich auflösen wollen, müssen wir frei sein. Wer vom Verhalten anderer abhängt, wird das Ich nicht auflösen können. Unser Verhalten muss uns eigen sein und darf von niemandem abhängig sein. Unsere Gedanken, Gefühle und Handlungen müssen unabhängig von innen nach außen fließen.

Die schlimmsten Schwierigkeiten bieten uns die besten Gelegenheiten. In der Vergangenheit lebten weise Männer, umgeben von jeder erdenklichen Bequemlichkeit und ohne jegliche Schwierigkeiten. Diese Weisen mussten, um das Ich zu zerstören, sich selbst schwierige Situationen schaffen. In den schwierigen Situationen haben wir vorzügliche Gelegenheiten, unsere inneren und äußeren Impulse, unsere Gedanken, Gefühle, Handlungen, unsere Reaktionen, Willensäußerungen usw. zu studieren.

Das Zusammenleben ist ein Spiegel, in dem wir uns in ganzer Gestalt so sehen, wie wir sind und nicht wie wir scheinbar sind. Das Zusammenleben ist etwas Wunderbares. Wenn wir sehr aufmerksam sind, können wir in jedem Augenblick unsere geheimsten Defekte entdecken. Diese treten zutage, springen hervor, wenn wir es am wenigsten erwarten.

Wir haben viele Leute kennengelernt, die sagen: „Ich habe keinen Zorn mehr", doch bei der geringsten Provokation wettern und donnern sie.

Andere sagen: „Ich habe keine Eifersucht mehr", aber es reicht ein Lächeln des Ehemanns oder der Ehefrau für den Nachbarn, damit ihre Gesichter grün anlaufen vor Eifersucht.

Die Leute beklagen sich über die Schwierigkeiten, die durch ein Zusammenleben entstehen. Sie wollen nicht wahrhaben, dass ihnen gerade diese Schwierigkeiten alle notwendigen Gelegenheiten bieten, um das Ich aufzulösen. Das Zusammenleben ist eine hervorragende Schule, das Buch dieser Schule besteht aus vielen Bänden, das Buch dieser Schule ist das *Ich.*

Wir müssen wirklich frei sein, wenn wir ernsthaft das Ich auflösen wollen. Derjenige, der von dem Benehmen eines anderen abhängig ist, ist nicht frei. Nur derjenige, der sich wahrhaftig freimacht, weiß, was Liebe ist. Der Sklave weiß nicht, was wahre Liebe ist. Wenn wir Sklaven des Denkens, Fühlens und Handelns der anderen sind, werden wir nie wissen, was Liebe ist.

Die Liebe wird in uns geboren, wenn wir mit der psychologischen Versklavung aufhören. Wir müssen zutiefst und auf allen Verstandesebenen diesen ganzen komplizierten Mechanismus der psychologischen Versklavung verstehen.

Es gibt viele Formen psychologischer Sklaverei. Es ist notwendig, all diese Formen zu studieren, wenn wir wirklich das Ich auflösen wollen.

Die psychologische Versklavung existiert nicht nur im Inneren, sondern auch im Äußeren. Es gibt die intime Sklaverei, die geheime, die verborgene, die wir nicht im entferntesten vermuten, noch uns jemals vorstellen können. Der Sklave denkt, dass er liebt, wenn er in Wirklichkeit nur fürchtet. Der Sklave weiß nicht, was wahre Liebe ist.

Die Ehefrau, die ihren Ehemann fürchtet, glaubt, dass sie ihn verehrt, wo sie ihn in Wirklichkeit nur fürchtet. Der Ehemann, der seine Ehefrau fürchtet, glaubt, dass er sie liebt, wo er in Wirklichkeit Furcht vor ihr hat. Er kann fürchten, dass sie mit einem anderen durchbrennt oder dass ihr Charakter bitter wird oder dass sie sich ihm sexuell entzieht.

Der Arbeiter, der seinen Chef fürchtet, glaubt, dass er ihn liebt, dass er ihn respektiert, dass er über seine Interessen wacht usw. Kein psychologischer Sklave weiß, was Liebe ist, die psychologische Versklavung ist mit der Liebe unvereinbar.

Es gibt zwei Arten von Verhaltensmustern: die erste Art ist diejenige, die von außen nach innen kommt, und die Zweite ist diejenige, die von innen nach außen geht. Die Erste ist das Resultat der psychologischen Sklaverei und gründet auf der Reaktion. Wir werden geschlagen und wir schlagen, wir werden beleidigt und wir antworten mit Grobheit. Die zweite Verhaltensart ist die bessere, sie ist demjenigen eigen, der kein Sklave mehr ist, der mit dem Denken, Fühlen, und Handeln der anderen nichts zu tun hat. Diese Verhaltensart ist unabhängig, es ist eine aufrechte und gerechte Art des Verhaltens. Wenn man uns schlägt, antworten wir segnend, wenn man uns beleidigt, wahren wir das Schweigen; wenn man uns betrunken machen möchte, trinken wir nichts, auch wenn unsere Freunde böse werden, usw.

Jetzt werden unsere Leser verstehen, warum die psychologische Freiheit uns das bringt, was man Liebe nennt.

Die kalkianische Persönlichkeit

Wir müssen uns Schritt für Schritt über die Arbeit, die wir verwirklichen, bewusster werden. Es ist grundlegend, den Unterschied zwischen der gnostischen Bewegung und all den anderen pseudo-esoterischen und pseudo-okkultistischen Organisationen, die existieren, zu kennen. Wenn wir die Arbeit, die wir verwirklichen müssen, verstehen wollen, müssen wir uns vor allem zu platzieren und zu zentrieren wissen. Wenn wir einen generellen Blick auf die verschiedenen Schulen pseudo-esoterischer und pseudo-okkultistischer Art werfen, die es zurzeit in der Welt gibt, können wir sehr einfach ihren Ursprung entdecken.

In Rom kam der Fall einer Nonne auf, die ständig in hypnotische Trance fiel. Sie hatte ihren Beichtvater und mit ihm hatte sie den causa causorum dieser verhängnisvollen Trancezustände zu klären. Vor allem gelang es dem Beichtvater zu erfahren, dass sie einen Geliebten gehabt hatte und, obwohl sie ins Kloster eingetreten war, ein Foto des Geliebten aufbewahrte. Der Beichtvater bat sie, das Foto zu bringen und plötzlich bemerkte er, dass sie nur das Foto ansehen musste, um in Trance zu fallen. Er entschied, einen Psychologen zurate zu ziehen und sie unterzogen die Nonne psychologischen Experimenten. So konnten sie beweisen, dass nicht das Foto des Mannes der Grund für ihre Trancezustande waren, sondern einige glänzende Steine im Rahmen des Fotos.

Die Untersuchungen gingen weiter und bald konnte man den Schluss ziehen, dass jede Art von glänzenden Objekten einen Trancezustand begünstigt. Als Ergebnis davon entstand praktisch eine ganze Schule. Man konnte nachweisen, dass es durch Hypnose möglich sein kann, die psychologischen Zustände des Patienten auf irgendeine Weise zu verändern und daher beschloss man, die Hypnose zu benutzen, um Patienten oder Kranke zu heilen.

So wurden die berühmten Hypnose-Ärzte geboren. In dieser Zeit traten weltweit viele Anhänger der Hypnologie, der Katalepsie, des Mediumismus usw., in Erscheinung. Man erinnere sich mit einigem Nachdruck an: Richard Charcot, Luis Zea Uribe, Cesar Lombroso, Camille Flammarion usw...

In dieser Schule von Hypnotiseuren zeichneten sich besonders aus: ein Engländer, an dessen Name ich mich im Moment nicht erinnere, und der berühmte Charcot. Was den Ersten betrifft, hatte er alle Eigenschaften des Hanasmussen, der andere, der Zweite, ich meine Charcot, war ohne Zweifel, ein *Mama-Kindchen.* Seine Experimente waren sehr bemerkenswert, aber weil er ein *Baby* war, von der Familie verhätschelt, war alles, was er machte, ein Wunder.

Nun, wenn ich alle diese Passagen auf so allgemeine Weise erwähne, die Experimente des Magnetismus, der Hypnose, der Katalepsie, des Spiritismus und fünftausend Sachen dieser Art, so nur mit der einzigen Absicht, um ihnen zu zeigen, woher die verschiedenen Schulen pseudo-esoterischer und pseudo-okkultistischer Art dieses schwarzen Zeitalters des Kali Yugas kamen.

In den Tagen der Fräulein Fox von Mirville, denen es gelang, als Instrument für die Materialisierung der berühmten Katie King zu dienen, das Gespenst, das sich drei aufeinanderfolgende Jahre vor den Augen der verschiedensten Wissenschaftler der ganzen Welt materialisierte; in jenen Tagen der Eusapia Paladino aus Neapel, in denen ganz Europa von diesen psychischen Phänomenen bewegt war, kam die Theosophie östlicher Art auf. Und natürlich, Sie wissen es, und jeder, der schon solche Organisationen besucht hat, weiß es auch, dass es in diesen Schulen immer eine Mischung aus Spiritismus und indischer Theorie gibt. Niemals sah man die Theosophie frei von spiritistischen Phänomenen.

Wenn wir den Ursprung der verschiedenen Organisationen, die es zurzeit gibt, kennen, dann wird es uns keineswegs überraschen, dass die Theosophie sich mit etwas Mediumismus vermischt hat.

Dass die Theosophen vor dem Tantrismus erschrecken, das ist normal, weil sie keine esoterische, sondern eine pseudo-okkultistische Schule sind und weiter nichts.

Zweifellos, aus dieser Schule von Hypnotiseuren mussten sich viele Zweige und Organisationen loslösen, und sie taten es, wie es natürlich ist, wir nennen sie Pseudo-Rosenkreuzer, Pseudo-Yogis usw. Es sind so viele, unzählige, dass wir ein Lexikon befragen müssten, um die Namen von allen zu kennen.

Aber gehen wir der Sache auf den Grund: Was ist das Fundament solcher Schulen? Das Dogma der Evolution. Woher kommt dieses so abgedroschene Dogma? Von einem Herrn Darwin.

Es scheint unglaublich, dass Herr Darwin viele Persönlichkeiten in die Tasche steckte, viele esoterische Forscher, Pseudo-Esoteriker und viele aufrichtige Anwärter. Nun, es war so, und wir können es nicht leugnen.

Die Anschauung über die Reinkarnation, welche die pseudo-esoterischen Instituitionen in der westlichen Welt schufen, ist falsch. Nie sagte der Herr Krishna, dass alle menschlichen Wesen sich reinkarnierten. Er sagte, dass nur die Buddhas, die Götter, die Sonnenhelden, das Recht hätten zur Reinkarnation. Die Übrigen sind wie alle dem Gesetz der ewigen Wiederkehr aller Dinge unterworfen, das ist klar.

Ebenso wenig sagte man im Osten, dass alle humanoiden Wesen die höheren existenziellen Körper des Seins besäßen. Aber es war einfach für die Schulen pseudo-esoterischer und pseudo-okkultistischer Art, die Menschheit glauben zu machen, dass schon alle diese höheren Vehikel besäßen. Daher behandeln sie das Thema „Die Sieben Körper des Menschen" ohne Schwierigkeit mit solch einer Sicherheit, dass es scheint, als ob alle Humanoiden wirklich die Gesamtheit dieser Vehikel besäßen.

Nun, das Resultat der über die westliche Welt verbreiteten Morbosität, das Resultat dieser subjektiven, inkohärenten, vagen und ungenauen

Schulen ist die kalkianische Persönlichkeit gewesen, d. h. diese, dem Zeitalter des Kali Yugas eigene Persönlichkeit.

Die kalkianischen Persönlichkeiten sind respektlos und unehrerbietig. Diese Art Persönlichkeit der pseudo-esoterischen und pseudo-okkultistischen Schulen hat nicht nur den Sinn der wahren Ergebenheit und der wirklichen Religiosität verloren, sondern auch den der Verehrung der alten Patriarchen.

So also hat sich die Menschheit, anstatt sich von wirklich weisen Religionen leiten zu lassen, durch ihre lächerliche Besserwisserei degeneriert und so die kalkianische Persönlichkeit gebildet.

Es ist ratsam, eine kalkianische Persönlichkeit mit einer authentisch esoterischen Persönlichkeit zu vergleichen. Was ist der Unterschied? Die kalkianische Persönlichkeit ist voller Besserwissereien, eingekapselt in das Dogma der Evolution, schlecht informiert über die innere Beschaffenheit des Menschen, unkundig der tantrischen Mysterien, fürchtet sie die Entwicklung der Feuerschlange in der Wirbelsäule und darüber hinaus erzeugt die Tatsache, dass sie mit Theorien vollgestopft ist, ein Gefühl der Selbstgenügsamkeit.

Zweifelsohne ist die kalkianische Persönlichkeit das Opfer der Selbsttäuschung. Sie glaubt, alles erreicht zu haben, wo sie doch nichts erreicht hat, und das Schlimmste ist, dass sie den Sinn der Verehrung verloren hat, dass sie die wahre und echte Religiosität vergessen hat, dass sie auch die Demut vor dem Wort des Logos verloren hat. Das ist die kalkianische Persönlichkeit.

Wir dürfen nicht dem Weg der kalkianischen Persönlichkeit folgen, wir dürfen diese falschen Dogmen nicht akzeptieren wie z. B. das der Evolution oder zu glauben, dass schon alle Humanoiden vollkommene, vollständige Menschen seien, mit schon gebildeten existenziellen Körpern; oder wie z. B. uns vor der Feuerschlange unserer magischen Kräfte und vor der lebendigen Erfahrung zu fürchten, usw.

Wir ziehen es vor, dem Weg der echten Weisheit zu folgen, dem Pfad des Tantras, dem Pfad der Auflösung des Egos, des Bekennens unseres eigenen Elends und unserer Unfähigkeit.

Wir ziehen es vor, zu bekennen, dass wir nichts sind, dass wir nur elende Würmer im Schlamm sind. Wir kümmern uns, und das ist gewiss, um die Arbeit an uns selbst. Wir wollen die Auflösung unseres *Ich-Selbst.*

Wir benutzen die intelligente Macht der Schöpfungsenergie. Wir arbeiten in der Schmiede der Zyklopen, welche die Pseudo-Esoteriker und Pseudo-Okkultisten so sehr erschreckt.

Wir befinden uns also auf einem anderen, verschiedenen, hundertprozentig revolutionären Weg, der jedoch von erschreckendem Alter ist, das sich in der unerträglichen Nacht aller Zeitalter verliert.

Sicherlich, die Charakteristika der kalkianischen Persönlichkeit sind unverwechselbar. Vor allem die Selbstgenügsamkeit, der fürchterliche Stolz und die schreckliche Eitelkeit, die auf Theorien basieren. Wir sahen z. B. in den Schulen der Psychoanalyse, Parapsychologie usw., was für ein schrecklicher Stolz und welche Selbstgenügsamkeit diese Leute mit wahren kalkianischen Persönlichkeiten in Beschlag nimmt. Sie ragen nicht nur innerhalb gewisser Gruppen hervor, sondern sie erscheinen auch im Fernsehen, stellen sich in der Presse und im Radio dar und vergiften die Welt völlig mit einer Art von Schwingungen, die man im Esoterischen venenoskirianisch nennt.

Sie haben eine vollkommene Selbst-Genügsamkeit, schauen mit Geringschätzung auf die Menschen des Mittelalters, halten sich für auto-super-zivilisiert, sie glauben, das non plus ultra der Weisheit erreicht zu haben. Ihr Stolz ist dermaßen groß, dass sie denken, das Unendliche, den Weltraum, zu erobern, sie verlachen das, was sie für Aberglauben der mittelalterlichen Weisen halten, das ist die Art der kalkianischen Persönlichkeiten.

Und wie kann man diesen kalkianischen Persönlichkeiten zu verstehen geben, dass sie im Irrtum sind?

Es genügt nicht, es nur zu verneinen, nicht wahr? Da diese kalkianischen Persönlichkeiten sich des Verstandes bedienen und dieser ihre Waffe im Kampf ist, ihr Schlachtpferdchen, muss man ihnen verständlich machen, was der Prozess der Überlegung ist.

Man muss diese selbst-genügsamen und stolzen Leute wissen lassen, dass der große deutsche Denker Herr Emmanuel Kant, der Philosoph aus Königsberg, das Werk *Die Kritik der reinen Vernunft* sowie auch die *Kritik der praktischen Vernunft* verfasst hat. Studieren wir Immanuel Kant, so sehen wir, wie er uns die Problematik darlegt, nicht nur in seinen Prosyllogismen, Episyllogismen und Sylogismen, sondern auch in der Art, wie er die Inhaltsbegriffe in der *Kritik der reinen Vernunft* analysiert.

Es ist klar, dass wir durch die äußerlichen Sinneswahrnehmungen unseren Verstand informieren, worauf dieser seine Inhaltsbegriffe ausarbeitet, die exakt auf den groben Verbindungen der Sinne basieren. Unter diesem Gesichtspunkt könnte die Vernunft nichts wissen, was nicht der Welt der fünf Sinne angehört, denn die Inhaltsbegriffe werden rein durch die sensorischen Verbindungen ausgearbeitet und aus diesem Grund wären Sie ausschließlich auf die durch die Sinne aufgenommenen Daten begrenzt.

Was kann also die subjektive Vernunft über das Innerste wissen, über die apriorischen Ideen, und darüber, was den Inhaltsbegriffen entgeht, die allein auf äußeren Sinneswahrnehmungen beruhen. Nichts, oder?

Es gibt eine andere Art von Vernunft, die der kalkianischen Persönlichkeit völlig unbekannt ist, ich beziehe mich ausdrücklich auf die objektive Vernunft. Es ist offensichtlich, dass diese die Information des Bewusstseins zur Grundlage hat und auch mit dieser arbeitet. In der authentischen Esoterik nennt man das Bewusstsein Zoostat.

Die objektive Vernunft wurde entwickelt, bevor die griechisch-römische Epoche aufkam. Die primitiven Arier der ersten Subrasse der großen arischen Rasse, die in Zentralasien erblühte, entwickelten sie. Die Menschen der zweiten Subrasse von der Periode der Sonnen-Rishis besaßen ebenfalls die objektive Vernunft.

Auch benutzten sie die Ägypter der antiken Dynastien der Pharaonen, die Babylonier, die Weisen Afghanistans, Turkestans und aus dem Irak, und sie fand praktisch ihr Ende mit dem griechischen Denken.

Es waren die Griechen, die begannen, mit dem Wort zu spielen und das auf die äußeren Sinneswahrnehmungen basierende subjektive Denken gründeten und schließlich die objektive Vernunft auslöschten und auf der ganzen Welt beseitigten. Seit damals besitzt die Menschheit allein das subjektive Denken, die äußeren Sinneswahrnehmungen, die von den Sinnen aufgenommenen Informationen.

Die inhaltlichen Konzepte basieren auf den sensorischen Verbindungen, usw., und nichts kann die subjektive Vernunft wissen, was über die zuvor erwähnten Faktoren hinausgeht. Nichts kann die subjektive sensorielle Vernunft über das Wirkliche, über das Göttliche, über die Mysterien des Lebens und des Todes usw., wissen. Sie ist vollkommen ignorant gegenüber all dem, was ihre aus den fünf mangelhaften Sinnen bestehende Handlungsweise übersteigt.

Zweifelsohne existieren die Kräfte des Herzens, jene Qualitäten weit jenseits des Intellektes und seiner rein vernunftsmäßigen Prozesse, von denen die subjektive sensorielle Vernunft weder etwas kennt noch weiß.

Im heiligen Land der Veden gibt es ein altes Manuskript, was Folgendes sagt: „Jener, der im Zentrum des Herzens meditiert, wird die Kontrolle über das Tattwa Vayu – das ätherische Prinzip der Luft erlangen und er wird auch die Siddhis – die Macht über die Heiligen erreichen."

In diesem Moment erinnere ich mich an den Fall von Jose de Cuppertino, von dem gesagt wird, dass er sich 70-mal in die Luft erhob und diese magische Tatsache, die dort im Jahre 1650 geschah, war der Grund seiner Heiligsprechung. Zweifelsohne hatte er das Zentrum des Herzens entwickelt. Als ein Kardinal ihn fragte: „Warum stoßen sie einen Laut aus, wenn sie sich im Gebet in die Luft erheben?" Darauf antwortete er: „Wenn das Schießpulver im Vorderlader entzündet wird, explodiert es mit großem Lärm, das gleiche geschieht dem Herzen, wenn es von göttlicher Liebe entzündet wird."

So gab Jose de Cuppertino in praktischer Form den Schlüssel für den Jinas-Zustand. Das Herz ist es, was entwickelt werden muss, um den Jinas-Zustand zu erreichen. Die außergewöhnliche Heilige Christina levitierte ständig. Nach ihrem Tod - man glaubte, sie wäre tot - wollte man sie begraben und plötzlich erhob sie sich aus dem Sarg und flog bis zum Kirchturm.

Wir können fortfahren, unzählige Fälle zu erzählen. Gewiss den des Franziskus von Assisi: Der gute Bruder, der ihn versorgte, brachte ihm das Essen und der Mönch war schon in Levitation, im Gebet und schwebte durch die Atmosphäre. Andere Male erreichte ihn der gute Bruder schon nicht mehr, um ihm die Speisen zu geben, weil der heilige Franziskus von Assisi schon so hoch war, dass er sich manchmal in einem Waldstücke verlor, das in der Nähe war.

All diese Mystiker haben das Zentrum des Herzens entwickelt. Hat man dieses Zentrum nicht, kann man nicht die Fertigkeit des Jinas-Zustandes erlangen.

Wer den Intellekt entwickelt hat, leidet im Allgemeinen viel, um den Jinas-Zustand zu erreichen, denn er hat zwar den Intellekt entwickelt, aber auf Kosten der Kräfte des Herzens. Indem er die Energie des Herzens aussaugt, verliert er die Kräfte des Herzens. Besser gesagt: Er tauscht die Kräfte des Herzens gegen die Kräfte des Intellektes ein.

Besser wäre es, nicht intellektuell zu sein und doch die Kräfte des Herzens zu haben, nicht wahr? Aber deswegen besteht für die Ausbilder kein Grund zur Sorge: das Herz kann sich von Neuem entwickeln, in dem man höhere Gefühle, die hoch entwickelte Musik der großen Meister, die Meditation pflegt. Indem man mystischer ist, tiefer in der Andacht, so wird sich das Herz von Neuem entwickeln, das ist sehr interessant.

Darüber hinaus müssen wir zu dem Verständnis gelangen, meine lieben Brüder, dass das menschliche Wesen in zwei Arten von Bewusstsein geteilt ist, das wahre Bewusstsein und das falsche.

Wenn jemand auf diese Welt kommt, so hat die Natur in seiner Essenz all die Daten hinterlegt, welche für die innerste Selbstverwirklichung des Seins notwendig sind, aber was geschieht? Man wird in eine dieser kleinen Schulen gesteckt, bekommt eine falsche Erziehung, die völlig unnütz ist, und viele Ratschläge und Vorschriften. Was man letztlich erschafft, ist ein falsches Bewusstsein, und das wahre Bewusstsein, jenes, worin die Daten hinterlegt sind, um der Spur, dem Weg zur Befreiung des Seins folgen zu können, bleibt traurigerweise dort in den Tiefen als Unterbewusstsein katalogisiert. Hat man je etwas Absurderes gesehen!

Wir müssen ehrlich zu uns sein und akzeptieren, dass dieses falsche Bewusstsein, gebildet aus all den Theorien, aus all dem, was wir in Grund-, Haupt-, Realschule usw. gelernt haben, und aus so vielen anderen Dingen, aus den Beispielen unserer Vorfahren, aus den Vorurteilen der Gesellschaft, in der wir leben, einfach nicht das wahre Bewusstsein ist.

Wir müssen das Falsche in uns beseitigen, dieses falsche Bewusstsein, das auf dem beruht, was uns gesagt wurde, auf den Vorschriften der Schule, auf dem Unterricht der Gymnasien, usw. Dieses falsche Bewusstsein vollständig zu beseitigen, es definitiv herauszureißen, dass in uns allein das wahre Bewusstsein, das superlative Bewusstsein des Seins zurückbleibt, ist das Einzige, was zählt.

Betrachten Sie doch, wie diese modernen Psychoanalytiker, diese berühmten Psychiater, Psychologen, Parapsychologen, Anhänger der Hypnotiseure und dergleichen, mehr und mehr daransetzen, das wahre Bewusstsein des Seins zu ertränken, aufzulösen, zu beseitigen. Sie wollen mit all ihren Mitteln dieses falsche Bewusstsein, das wir besitzen, mehr, und jedes Mal mehr stärken.

Mesmer war ein wunderbarer Mensch, er ahnte, dass es im Menschen ein doppeltes Bewusstsein gibt, und nahm sich vor, dieses zu studieren.

Als er gewahr wurde, dass es ein falsches Bewusstsein gab und ein legitimes wahres Bewusstsein existierte, welches in den Tiefen versunken war und, sagen wir, unterbewertet wurde, fing er an, Experimente mit Magnetismus durchzuführen, die natürlich sehr in Widerspruch zur Hypnose standen.

Armer Mesmer, wie sehr machten sie sich zu seiner Zeit über ihn lächerlich und tun es noch heute. Gegen ihn richtete sich die Kritik und immer noch kritisiert man ihn. Viele Texte über Hypnose beginnen damit, sich gegen Mesmer auszusprechen.

Die Hypnotiseure hassen ihn genau desswegen, weil er sich gegen das falsche Bewusstsein richtete, weil er die Existenz eines doppelten Bewusstseins entdeckte; des Falschen und des Wahren. Es gelang Mesmer, das falsche Bewusstsein vor dem feierlichen Schiedsspruch der öffentlichen Meinung zu demaskieren und natürlich fraßen sie ihn deshalb beinahe auf. Das ist die rohe Wirklichkeit der Tatsachen.

Gut, um nicht so sehr vom Thema abzuweichen: Was ich sagen will ist, dass die innere Entwicklung nur erreicht wird, indem man das falsche Bewusstsein in den Müll wirft und die Aufmerksamkeit auf das wahre Bewusstsein, das authentische Bewusstsein richtet.

Was versteht man unter falschem Bewusstsein? Das, was man seit unserer Geburt in uns formte, was mit den Beispielen, mit den Vorschriften all unserer Familienangehörigen gebildet wurde, was in der Schule, in der Hauptschule usw., in uns geformt wurde, was aus allen vorstellbaren sozialen Vorurteilen entwickelt wurde.

All das muss zum untersten Müll geworfen werden und das wahre Bewusstsein muss aufsteigen, um zu arbeiten. Dies bedeutet, dass man sich im Moment der Arbeit in ein Kind verwandeln muss, frei von Theorien, um die wahre Weisheit ins Spiel zu bringen.

Nun, ich habe dieses Kapitel mit dem Vorsatz geschrieben, dass wir uns zentrieren, dass wir die Situationen, in denen wir uns auf dieser Welt befinden, erkennen, dass wir verstehen lernen, nicht den Weg all dieser kleinen Schulen, Sekten und Orden, welche die kalkianische Persönlichkeit bildet, zu gehen, dass wir anders sind, und das ist alles.

Hartnäckigkeit

Hartnäckigkeit ist die Beharrlichkeit im Aufdecken von Fehlern, und aus diesem Grunde werde ich niemals müde, darauf zu bestehen, dass die Ursache aller Fehler das Ego ist, das Selbst.

Es kümmert mich nicht, dass die intellektuellen Tiere sich belästigt fühlen, weil ich gegen das Ego spreche, koste es, was es wolle, ich werde mit Hartnäckigkeit fortfahren. Es sind zwei große Weltkriege geschehen, und die Welt steht am Rande eines dritten Weltkrieges. Die Welt befindet sich in einer Krise, überall gibt es Elend, Krankheit und Ignoranz.

Die zwei Weltkriege haben nichts Gutes hinterlassen. Der erste Weltkrieg hinterließ uns die fürchterliche Grippe, die im Jahre 1918 Millionen von Menschen den Tod brachte.

Der zweite Weltkrieg hinterließ uns eine geistige Seuche, schlimmer als die Erste. Wir sprechen von der abscheulichen *Philosophie des Existenzialismus*, die die neuen Generationen völlig vergiftet hat und gegen welche die Revolution der Dialektik sich ausspricht.

Wir alle haben das soziale Chaos erschaffen, in dem wir leben, und alle zusammen müssen wir daran arbeiten, um es aufzulösen, und mithilfe der Lehren, die ich in diesem Werk gebe, eine bessere Welt zu schaffen.

Unglücklicherweise denken die Leute nur an ihr selbstsüchtiges Ich und sagen: Zuerst Ich, dann Ich und dann wieder *Ich*! Wir haben es schon gesagt und wiederholen es: Das Ego sabotiert die Ordnung, welche die revolutionäre Psychologie festlegt.

Wenn wir wirklich und ernsthaft die Revolution der Dialektik wollen, so brauchen wir als Erstes die radikale Umwandlung des Individuums.

Es gibt viele Menschen, die die Notwendigkeit einer radikalen, vollkommenen und endgültigen inneren Wandlung akzeptieren, aber unglücklicherweise verlangen sie spezielle Stimuli und Anreize.

Die Menschen mögen es, wenn man ihnen sagt, dass sie in Ordnung sind, wenn ihnen auf die Schulter geklopft wird, wenn ihnen wundervolle, ermutigende Worte gesagt werden usw.

Es gibt viele Menschen, die schöne Dichtung verlangen, irgendeinen Glauben, irgendeine Ideologie oder Utopie, die sie veranlasst, sich zu ändern. Da gibt es jene, die Hoffnung auf einen guten Arbeitsplatz verlangen, als Beweggrund um sich zu verändern. Da gibt es jene, die verlangen eine Verlobung oder eine großartige Heirat als Beweggrund, um sich zu verändern.

Niemand will sich einfach so ändern, sondern möchte einen guten Anreiz für sein Tun. Die Leute lieben Stimuli. Die armen Leute wollen nicht verstehen, dass solche Stimuli leer und oberflächlich sind; daher ist es logisch, zu sagen, dass sie nutzlos sind.

Die Stimuli haben niemals im Leben, in der Geschichte der Jahrhunderte, in irgendeinem Individuum eine radikale, totale und endgültige Wandlung hervorrufen können.

In allen Menschen gibt es ein Energiezentrum, das mit dem Tod des physischen Körpers nicht zerstört werden kann und das, zum Unglück der Welt, in unseren Nachkommen fortbesteht. Dieses Zentrum ist das Ich, das Selbst. Mit äußerster Dringlichkeit müssen wir eine gründliche Umwandlung innerhalb dieses Energiezentrums, *Ich* genannt, auslösen.

Ein Schulterklopfen, schöne schmeichelnde Worte, nette Stimuli, prächtige Anreize usw., werden niemals in der Lage sein, irgendeine gründliche Umwandlung in jenem Energiezentrum auszulösen, dem sogenannten Ich, welches sich in uns befindet.

Wenn wir sehr ernsthaft und aus ganzem Herzen eine gründliche Umwandlung innerhalb dieses Zentrums, des sogenannten Ichs, wollen, müssen wir unseren bedauernswerten Zustand des inneren Elends und der Armut erkennen, um uns selbst zu vergessen und ohne Selbstinteresse für die Menschheit zu arbeiten. Das bedeutet Selbstverleugnung, vollkommenes Vergessen und Aufgeben des Selbst.

Eine radikale Umwandlung in uns selbst ist unmöglich, wenn wir nur daran denken, unsere Taschen mit mehr und mehr Geld zu füllen. Das Ich, das Selbst, will wachsen, besser werden, sich entwickeln, mit den Großen der Erde zusammenkommen, Einfluss, Stellung, Glück erreichen usw.

Oberflächliche Veränderungen in uns selbst sind wertlos, sie bewirken nichts und können niemanden und nichts umwandeln.

Wir brauchen eine gründliche Umwandlung im Inneren eines jeden von uns. Diese Umwandlung kann nur in jenem Zentrum stattfinden, welches wir in uns tragen, im *Ich.* Wir müssen dieses selbstsüchtige Zentrum in Scherben schlagen. Es ist dringend notwendig, das Ich auszurotten, um in jedem Einzelnen von uns eine gründliche, radikale, vollkommene und wahrhaftige Umwandlung hervorzurufen. So wie wir jetzt sind, taugen wir nur dazu, unser eigenes Leben und das unserer Mitmenschen zu verbittern.

Das Ich will mit Ehren, Tugenden, Geld usw. überhäuft werden. Das Ich will Vergnügen, Ruhm, Prestige usw., und in seinem wahnsinnigen Eifer nach Ausdehnung erschafft es eine selbstsüchtige Gesellschaft, in der es nur Streit, Grausamkeit, unersättliche Gier, grenzenlosen Ehrgeiz, Kriege usw. gibt.

Unglücklicherweise sind wir Mitglieder einer Gesellschaft, die vom *Ich* erschaffen wurde. Diese Gesellschaft ist wertlos und schädlich. Nur, indem wir das Ich vollständig ausrotten, können wir uns selbst und die Welt ändern.

Wenn wir wirklich die radikale Ausrottung des Ichs wollen, ist es notwendig, dass das Gedächtnis ruhig ist, um den Geist zu besänftigen, und uns daraufhin in Ruhe selbst zu beobachten, um uns kennenzulernen.

Wir müssen uns selbst als jemanden betrachten, der einen strömenden Regenguss betrachtet und ihn über sich ergehen lässt.

Niemand im Leben kann das *Ich* auflösen, indem er Ersatz sucht, indem er Schnaps durch Zigaretten ersetzt, indem er eine Frau verlässt, um eine andere zu heiraten, er einen Fehler aufgibt, um ihn durch einen anderen zu ersetzen, oder eine Schule verlässt, um zu einer anderen zu gehen.

Wenn wir wirklich eine radikale Umwandlung in uns selbst wollen, müssen wir all diese Dinge verlassen, die uns positiv erscheinen, all diese alten Gewohnheiten und all diese irrtümlichen Sitten.

Der Verstand ist der zentrale Sitz des *Ichs.* Wir müssen eine Wandlung innerhalb des Hauptsitzes erreichen, damit in jedem von uns eine wahre Revolution stattfinden kann.

Nur mit absoluter Selbstverleugnung und mit Verständnis dessen, was wir unglücklicherweise sind, nur ohne Stimuli oder Anreize irgendeiner Art können wir die Ausmerzung des Ichs wirklich erreichen.

Die Zustände des Egos

Die Zustände des Egos werden folgendermaßen eingeteilt:

Stereopsychisch:

Das sind die Zustände der Identifikation, die eng mit der äußerlichen Wahrnehmung durch die fünf Sinne und mit der Welt der Eindrücke verbunden sind.

Neopsychisch:

Die Daten verarbeitenden Zustände, die auf gute oder schlechte Weise all die vielfältigen Situationen interpretieren, die das intellektuelle Tier erfährt. In diesen Zuständen arbeitet unsere schlechte Sekretärin, unsere Persönlichkeit.

Archeopsychisch:

Das sind die regressiven Zustände – das Gedächtnis des Egos – die sich in den 49 Ebenen des Unterbewusstseins befinden. Es sind die Erinnerungen an die Vergangenheit, die auf fotografische oder phonographische Weise gespeichert wurden.

Blue Time - oder Therapeutik der Ruhe

An der mysteriösen Schwelle des Tempels von Delphi war folgende griechische Maxime in den Stein eingraviert: Nosce te ipsum, „Mensch, erkenne dich selbst und du wirst das Universum und die Götter erkennen."

Es ist offensichtlich, dass das Studium seiner selbst, die gelassene Besinnung, in letzter Instanz in der Ruhe und Stille des Verstandes endet. Wenn der Verstand ruhig und still ist (nicht nur auf der oberflächlichen intellektuellen Ebene, sondern in jeder einzelnen der 49 Ebenen des Unterbewusstseins), dann taucht das Neue auf, die Essenz, das Bewusstsein, befreit sich und es folgt das Erwachen der Seele, die Ekstase, das Samadhi.

Die tägliche Praxis der Meditation wandelt uns radikal um. Menschen, die nicht an der Vernichtung des Ichs arbeiten, sind wie Schmetterlinge, die von einer Schule zur nächsten flattern und nicht ihr fortdauerndes Bewusstseinszentrum finden. Sie sterben als Versager, ohne jemals die innere Selbstverwirklichung des Seins erreicht zu haben. Das Erwachen des Bewusstseins ist nur möglich, indem wir uns vom mentalen Dualismus befreien, und uns vom Kampf der Antithesen, dem intellektuellen Auf und Ab emanzipieren. Jeder unterbewusste, infrabewusste und unbewusste Kampf wird zu einem Hindernis für die Befreiung der Essenz.

Jeder Kampf der Gegensätze, so unbedeutend und unbewusst er auch sei, weist auf unbekannte verborgene Punkte in den atomaren Höllen des Menschen hin.

Diese infrahumanen Aspekte seiner selbst zu beobachten und zu erkennen, ist unverzichtbar um die absolute Ruhe und Stille des Verstandes zu erreichen.

Nur in Abwesenheit des Ichs ist es möglich, die integrale Revolution und die Revolution der Dialektik zu erfahren und zu leben.

Die „Blue Time“ oder die Therapeutik der Ruhe hat grundlegende Regeln, ohne die es unmöglich wäre, uns von den quälenden Fesseln des Verstandes zu emanzipieren. Diese Regeln sind:

1. Entspannung:

Es ist unentbehrlich, den Körper für die Meditation zu entspannen; kein Muskel sollte angespannt bleiben. Es ist dringend notwendig, den Schlaf willentlich herbeizuführen und zu regulieren. Es ist offensichtlich, dass durch die weise Kombination des Schlafes und der Meditation das entsteht, was Erleuchtung genannt wird.

2. Rückblick:

Was wollen wir durch den Rückblick erreichen? Aufgrund des mechanischen Lebens, das es täglich lebt, vergisst das intellektuelle Tier sich selbst und verfällt in Faszination; es wandelt mit schlafendem Bewusstsein umher, ohne sich zu erinnern, was es im Moment des Aufstehens getan hat, was die ersten Gedanken des Tages waren, ohne sich an seine Handlungen und die Orte, an denen es gewesen ist, zu erinnern.

Das Ziel des Rückblicks ist es, sich seiner Handlungen oder Tätigkeiten der Vergangenheit bewusst zu werden. Wenn wir den Rückblick in der Meditation durchführen, werden wir uns nicht gegen den Verstand stellen; wir rufen Erinnerungen vergangener Handlungen ab, von dem Moment an, in dem wir den Rückblick begonnen haben bis zu dem gewünschten Moment unseres Lebens. Wir sollten jede Erinnerung studieren, ohne uns mit ihr zu identifizieren.

3. Gelassene Reflexion:

Zuerst müssen wir uns vollkommen bewusst werden über den Gemütszustand, in dem wir uns befinden, bevor irgendwelche Gedanken aufkommen. Wir müssen unseren Verstand ruhig beobachten, jeder mentalen Form, die auf der Leinwand des Intellekts auftaucht, volle Aufmerksamkeit schenken. Es ist dringend notwendig, während jeder unruhigen Aktivität zum Wächter unseres eigenen Verstandes zu werden und einen Moment lang inne zu halten und ihn zu beobachten.

4. Psychoanalyse:

Wir müssen die Wurzel und den Ursprung jedes Gedankens, jeder Erinnerung, jeder Gemütsbewegung, jeder Emotion, jedes Gefühls, jedes Grolls, usw., untersuchen, erforschen, ergründen, in dem Moment, indem sie im Verstand auftauchen. Während der Psychoanalyse müssen wir den Ursprung, den Grund, die Ursache oder den Hauptgrund jedes Gedankens, jeder Erinnerung, jedes Bildes und jeder Assoziation untersuchen, prüfen und erforschen, in dem Moment, indem sie im Verstand auftauchen.

5. Mantralisation oder Koan:

Die Ziele dieser Etappe sind:

a) die magischen Kräfte der Mantras oder Koans in unser inneres Universum hineinzumischen.

b) Bewusstsein zu erwecken.

c) Innerlich christische Atome hoher Spannung anzusammeln.

In dieser psychologischen Arbeit muss der Intellekt einen empfänglichen, integralen, unitotalen, vollständigen, ruhigen und profunden Zustand annehmen. Man erreicht diesen unitotalen empfänglichen Zustand mit den Koans oder Sätzen, die den Verstand deprogrammieren.

6. Superlative Analyse:

Sie besteht aus einer introspektiven Erkenntnis seiner selbst. Die Introversion ist unerlässlich während einer tiefen Meditation. In diesem Zustand arbeitet man am Prozess des Verständnisses des Ichs oder des Defekts, den man auflösen will. Der gnostische Schüler konzentriert sich auf das psychologische Aggregat und behält es auf der Leinwand des Verstandes. Vor allem ist es unerlässlich, ehrlich mit sich selbst zu sein.

Die superlative Analyse besteht aus zwei Phasen:

a) Selbsterforschung: man untersucht in den Tiefen des Bewusstseins und in den 49 Ebenen des Unterbewusstseins, wann der Defekt zum ersten Mal in unserem Leben aufgetreten ist, wann er zuletzt aufgetreten ist und in welchen Momenten er sich am stärksten manifestiert hat.

b) Selbstentdeckung: man erforscht, was die Nahrung dieses Ichs ist. Man zerteilt den Defekt in verschiedene Teile und studiert jeden davon, um zu erkennen, aus welcher Art von Ichs er stammt und welche Arten von Ichs aus ihm hervorgehen.

7. Selbstverurteilung:

Man setzt den Defekt, den man studiert, auf die Anklagebank. Man bringt die Nachteile, die er dem Bewusstsein verursacht, vor Gericht und die Vorteile, die eine Auflösung des Defekts, über den wir richten, für unser Leben hätte.

8. Gebet:

Man betet mit großer Inbrunst zur Göttlichen Mutter Kundalini, unserer inneren individuellen Mutter. Man spricht mit Aufrichtigkeit zu ihr und gesteht alle Defekte und Fehler, die wir haben, damit Sie, die einzige, die fähig ist, die Ichs aufzulösen, sie mitsamt der Wurzel auslöscht.

Es ist wohltuend und wichtig, die Meditationsräume (Gnostische Zentren) jederzeit, wenn man die Gelegenheit dazu hat, zu besuchen.

Es ist unerlässlich, die Meditation immer mit geschlossenen Augen zu praktizieren, um externe sinnliche Wahrnehmungen zu vermeiden.

Die Kadaver des Egos

In den atomaren Höllen muss man die Kadaver des Egos durch die sexuelle elektrische Kraft vernichten. Man darf nicht darauf warten, dass die Zeit sie vernichtet. Der wertvolle Diamant, mit dem Salomon wertvolle Steine reinigte, ist der philosophische Stein. Während wir die Kadaver des Ichs zerstören, haben wir all unsere Anstrengungen darauf zu richten, „nicht erneut physische Körper zu erschaffen, denn sie sind verletzbar und dem Alter und dem Tod unterworfen“.

Zweifellos erschafft das Karma die Körper. Aus Mangel an psychologischer Arbeit sind die Leute dieses Zeitalters nicht tiefgründig und es gefällt ihnen, oberflächlich zu sein. Sie glauben, dass sie über alle Zivilisationen lachen können. Gegenwärtig degeneriert der Verstand aufgrund der Begriffe. Alle veräußerten Begriffe sind das Resultat dessen, was gesagt oder studiert wurde.

Der Selbstbegriff basiert auf der Erfahrung eigener Denkweise. Gurdjieff steht lediglich am Anfang dieses Wissens. Krishnamurti hingegen hat seine Selbstbegriffe, weil er nie irgendjemanden gelesen hat.

Das Ungleichgewicht und der Bruch mit der Harmonie des Kosmos entstehen, wenn man keine Eigenautorität in seinem Inneren besitzt.

Wie können wir Eigenautorität besitzen, wenn wir nicht Herr unseres Selbst sind?

Die Selbsthandlung ist nur möglich, wenn man das Sein in sich hat. Der philosophische Stein, der Selbstbegriff, die Selbsthandlung und die Selbstautorität sind nur möglich, wenn man die Kadaver des Ichs in den atomaren psychologischen Höllen vernichtet.

Die Psychogenese

Unsere Zivilisation, die scheinbar so brillant ist durch die Eroberung des Weltalls und die Durchdringung der Materie, wird untergraben von der Lepra einer dekadenten Ethik, geprägt von Homosexualität, Lesbianismus und Drogenabhängigkeit.

Diese Zivilisation ist in die Phase der Involution eingetreten, um sich selbst zu liquidieren, wie es mit anderen Zivilisationen geschehen ist. Dies zeigt uns das historische Zeugnis des stolzen und imperialen Roms, wo die Zeichen der Involution dann auftauchten, als auf die Großartigkeit einer sittenstrengen und moralischen Nation radikale Änderungen folgten, die es im Laster versinken ließen, obwohl es ein Eroberer der antiken Welt gewesen war.

Worauf ich mich stütze? Auf klare und überzeugende Tatsachen. Eine großartige Kultur wie die britische exportiert nun lediglich eine psychologische Lepra, welche die Generationen dieses Zeitalters mental verseucht.

Die Mitglieder der englischen Gruppe *Sex Pistols*, denen es gelingt, das genaue Gegenteil des Etablierten, allerdings im negativen Sinne, zu schaffen, um als herausragende Figuren zu erscheinen, sind die Schöpfer des Punkrocks und Komponisten von Liedern, voller schlechter Ausdrücke und Themen, welche sie nicht nur für den direkten Angriff gegen die Institutionen benutzen, sondern auch gegen das Publikum selbst, das ihnen mit schlafendem Bewusstsein zuhört.

Der Schmutz ist das Banner der *Sex Pistols* – eine subjektive Botschaft, die sie dieser armen, bis ins Knochenmark verfaulten Menschheit überbringen.

Die *Sex Pistols* sind eine aggressive Gruppe, die alles missbraucht, um damit die Religion des Punkrocks darzustellen. Lieder voller Zynismus gegen die Liebe, gegen die Unterdrückung und Aggression, geschrieben von vier jungen Leuten der englischen Arbeiterklasse, die gegen das Elitedenken sind. Es ist absurd, dass diese intellektuellen Tiere eine Religion erschaffen könnten; sie vergessen, dass das Wort Religion aus dem Griechischen stammt: religare, was sich vereinen mit Gott, bedeutet. Aber welche Art von Gottheit besitzen diese degenerierten Leute, die von den Jugendlichen in ihrer Hypnose verehrt werden, als wären sie etwas besonderes?

Diese von den *Sex Pistols* repräsentierte musikalische Strömung erzeugt die infernalische Stimmung des heutigen Lebens. Bestätigt wird dies durch Hunderte, in tiefster spiritueller und psychologischer Ignoranz lebender junger Leute, die an diesen Konzerten des Londoner One-Hundred-Club teilnehmen.

Trotz Widerstand verbreitet sich die Punkwelle, und in unzähligen internationalen Illustrierten erscheint bereits die subjektive Mode. Zerfetzte Kleidung, Abfall jeglicher Materialien als Schmuck, kurzes, bunt gefärbtes Haar, Hemden und Hosen beschriftet mit Sprüchen gegen alles. Dies ist ein klares Bild von den Symptomen der psychologischen Lepra, unter der die Menschheit leidet und die sie so sehr faulen lässt.

In vielen ihrer Treffen wird die physische Aggressivität – Wut – zur Mode. Mit enormer Leichtigkeit wird mit Beleidigungen und sogar Flaschen um sich geworfen, selbst von der Bühne der Sex Pistols aus, was oft zu Prügeleien führt und daraufhin sogar zu Gefängnis und Krankenhaus. Mit diesem ganzen beleidigenden Wortschwall und den abgefeuerten Projektilen erscheinen Hunderte englischer Jugendlicher, wie es im

Paradise-Club in der Brewer Street bereits geschah, und schreien, dass sie die *Sex Pistols* lieben, weil sie das Höchste sind.

Eigenartigerweise ist der Chef der Gruppe Johnny Rotten – Verfaultes Hänschen – der Bandleader, der nie zuvor gesungen hat; die anderen sind Sid Vicious – lasterhafter Sid, Paul Cook, Paul Hahn und Steve Jones. In England respektieren sie niemanden und in unser Land könnten sie daher nur schwerlich kommen. Ich meine, dass das Leben nicht erklärbar wäre ohne periodische Evolutionen und Involutionen (wie diese der Punkwelle), welche in Pflanzen, Tieren, Menschen, in den Gestirnen und in den Konstellationen erkennbar sind.

Die historischen Zyklen haben ebenfalls eine Evolution und danach die Involution, die sich unabwendbar einstellt, Felsen abträgt, Sonnen zu Staub verwandelt, den zum Greis macht, der Kind war, das zu Kohle macht, was Baum war und die Kontinente in die Tiefen der Ozeane versenkt oder auftauchen lässt.

Unsere in diesem Werk präsentierten Postulate versuchen die Basis einer neuen Zivilisation zu gründen, die frei von Lepra auf der Psychogenese fußt, d. h. zuerst auf der Erschaffung des Menschen, um danach zum Übermenschen zu gelangen, mittels der mentalen und sexuellen Superdynamik, die wir in diesem Buch immer wieder betont haben.

Unseren gnostischen Institutionen, welche meine Lehren verbreiten, kann jeder beitreten, der es wünscht, vorausgesetzt, er sehnt sich danach, sich selbst zu überwinden und in sich selbst die Psychogenese zu realisieren, hier und jetzt.

Der Mensch, der die Psychogenese nicht in sich selbst verwirklicht hat, benützt nur einen unendlich kleinen Teil seiner Fähigkeiten und Potenziale, deshalb fordere ich unsere Leser auf, dass sie die psychologischen Lehren, die ich in diesen Kapiteln vorstelle, in die Praxis umsetzen, damit sie lernen, die Leistungsfähigkeit ihrer Psyche optimal zu nutzen.

In jedem menschlichen Wesen existieren unendlich viele Möglichkeiten für ein ebenfalls unbegrenztes Wissen. Wir alle besitzen im embryonalen Stadium große psychologische Fähigkeiten, die in dem Moment auftauchen werden, da wir die Arbeit beginnen, eine Psychogenese in uns selbst zu realisieren, ohne auch nur einen Augenblick länger zu warten. Der Mensch muss fähig werden, alles, was seine Existenz betrifft, kennenzulernen. Dies ist eine so natürliche Tatsache wie der freie Wille.

Warum sind wir hier? Woher sind wir gekommen? Wohin gehen wir? All dies muss man hier erkennen und dabei frei bleiben von Dogmen und Theorien. Mittels der psychologischen Disziplinen, die ich hier erklärt habe, können wir uns psychisch verbessern, d. h. die Psychogenese in uns verwirklichen, um mit den verschiedenen Dimensionen der Natur in Kontakt zu kommen.

In dem Maße, in dem wir an unserer Psychogenese arbeiten, werden wir unsere individuelle Überwindung sehen und somit Zugang erlangen zu profundem esoterischen Wissen, welches sich unzählbare Jahrhunderte hindurch dort befunden hat, verfügbar für jeden Menschen, der sich aufrichtig danach sehnt, eine Antwort zu finden auf eine Anzahl von Lücken und Fragen und der, ohne es zu wissen, der unsterblichen Aufforderung des Meisters entspricht: Suchet und ihr werdet finden ...

Zusammengefasst können wir sagen, dass die Psychogenese auf dem im alten Tempel zu Delphi geschriebenen Satz beruht:

„Ich sage dir, wer immer du bist, o du, der du die Arkane der Natur zu ergründen suchest, findest du nicht in dir selbst, was du suchst, so wirst du es auch nicht außerhalb finden können. Wenn du die Vorzüge deines eigenen Hauses nicht kennst, wie willst du andere Vorzüge finden? In dir selbst liegt verborgen der Schatz aller Schätze. Oh, Mensch, erkenne dich selbst und du wirst das Universum und die Götter erkennen."

Die Umwandlung der Eindrücke

Wir werden über die Umwandlung des Lebens sprechen, was möglich ist, wenn man es sich ernsthaft vornimmt.

Umwandlung bedeutet, dass sich eine Sache in eine andere verwandelt. Es ist logisch, dass alles Änderungen unterworfen ist.

Es gibt sehr bekannte Umwandlungen in der Materie. Niemand kann bestreiten, dass beispielsweise Zucker in Alkohol umgewandelt wird, und dass durch die Einwirkung von fermentiertem Essig entsteht. Dies ist die Umwandlung einer molekularen Substanz.

Man weiß von dem chemischen Verhalten der Elemente, dass sich beispielsweise Radium langsam in Blei verwandelt. Die Alchemisten des Mittelalters sprachen von der Umwandlung von Blei in Gold. Jedoch bezogen sie sich nicht immer auf den rein physischen Aspekt des Metalls. Was sie normalerweise mit diesem Wort ausdrücken wollten, war die Umwandlung des Bleis der Persönlichkeit in das Gold des Geistes. Somit ist es angebracht, dass wir über all diese Dinge nachdenken.

In den Evangelien hat der Gedanke vom irdischen Menschen, der, vergleichbar mit einem Samen, fähig ist zu wachsen, die gleiche Bedeutung wie der Gedanke von der Wiedergeburt des Menschen, der noch einmal geboren wird. Es ist offensichtlich, dass die Pflanze nicht geboren wird, wenn der Same nicht stirbt. In jeder Verwandlung gibt es Tod und Geburt. In der Gnosis betrachten wir den Menschen als eine Fabrik mit drei Stockwerken, die gewöhnlich drei Arten von Nahrung einnimmt.

Die gewöhnliche Nahrung, die zum untersten Stockwerk der Fabrik gehört, bezieht sich auf die Angelegenheiten des Magens. Die Luft, die natürlich zum zweiten Stockwerk gehört, geht in die Lungen. Und die Eindrücke, die zweifelsohne mit dem dritten Stockwerk verbunden sind, wandern ins Gehirn.

Die Nahrung, die wir essen, durchläuft sukzessive Umwandlungen, dies steht außer Frage. Der Vorgang des Lebens, in sich selbst und für sich selbst, ist die Verwandlung. Jedes Wesen des Universums lebt durch die Verwandlung von einer Substanz in eine andere. Die Pflanze beispielsweise verwandelt das Wasser, die Luft und die Salze der Erde in neue pflanzliche Lebenssubstanzen, in für uns nützliche Elemente, wie es die Nüsse, Früchte, Kartoffeln, die Zitronen usw. sind. Somit ist alles Verwandlung.

Durch das Einwirken des Sonnenlichts ändern sich die Fermente der Natur. Es steht außer Frage, dass der empfindliche Film des Lebens, der sich gewöhnlich über die Erde erstreckt, alle universalen Kräfte zum Innern der planetarischen Welt führt. Aber jede Pflanze, jedes Insekt, jedes Wesen und ebenso das intellektuelle Tier selbst, irrtümlicherweise Mensch genannt, absorbiert, nimmt bestimmte kosmische Kräfte auf, verwandelt sie später und übermittelt sie unbewusst den unteren Schichten des planetarischen Organismus.

Solche umgewandelten Kräfte sind innig mit der ganzen Wirtschaft des planetarischen Organismus verbunden, in dem wir leben.

Ohne Zweifel verwandelt jedes Wesen entsprechend seiner Art bestimmte Kräfte, die es später an das Innere der Erde für die Wirtschaft der Welt weiterleitet. Somit erfüllt jedes Wesen, welches existiert, die gleiche Aufgabe.

Wenn wir eine Speise essen, die für unsere Existenz notwendig ist, ist es klar, dass sie Schritt für Schritt in all jene Elemente verwandelt wird, die so unentbehrlich für unsere eigene Existenz sind. Wer vollzieht in unserem Inneren die Umwandlungsprozesse der Substanzen? Selbstverständlich das instinktive Zentrum. Die Weisheit dieses Zentrums ist wirklich erstaunlich.

Die Verdauung selbst ist Umwandlung. Die Speise im Magen, sozusagen im unteren Teil dieser dreistöckigen Fabrik des menschlichen Organismus, unterliegt der Umwandlung. Wenn etwas eindringen würde, ohne durch den Magen zu gehen, könnte der Organismus weder seine Vitamine noch seine Proteine aufnehmen, dies wäre einfach eine Verdauungsstörung. In dem Maße, wie wir über dieses Thema nachdenken, verstehen wir die Notwendigkeit, eine Umwandlung zu durchlaufen.

Es ist klar, dass die physische Nahrung sich verwandelt. Aber es gibt etwas, was uns zum Nachdenken einlädt: Existiert in uns die korrekte Umwandlung der Eindrücke?

Für die Zwecke der Natur selbst besteht keine Notwendigkeit, dass das intellektuelle Tier, irrtümlich Mensch genannt, die Eindrücke wirklich verwandelt. Aber ein Mensch kann seine Eindrücke von sich aus umwandeln, selbstverständlich indem er ein Wissen um die Hintergründe besitzt. Gleichzeitig hat er das Wieso dieser Notwendigkeit zu verstehen.

Es wäre wunderbar, die Eindrücke umzuwandeln. Die Mehrheit der Leute, wie man sie auf dem Terrain des praktischen Lebens sieht, glaubt, dass die physische Welt ihnen das geben wird, was sie ersehnen und suchen. Wirklich, dies ist ein schrecklicher Irrtum. Das Leben selbst dringt in uns ein, in unseren Organismus, in Form bloßer Eindrücke. Das Erste, was wir verstehen müssen, ist die Bedeutung der esoterischen Arbeit in ihrer engen Verbindung mit der Welt der Eindrücke.

Dass wir sie verwandeln müssen, ist wahr. Man könnte sein Leben nicht wirklich verwandeln, wenn man nicht die Eindrücke verwandelt, die in seinen Verstand eindringen.

Die Personen, die diese Zeilen lesen, müssen darüber nachdenken, was hier gesagt wird. Wir sprechen gerade über etwas sehr Revolutionäres, denn alle Welt glaubt, das Physische sei das Reale, aber wenn wir ein bisschen tiefer gehen, sehen wir, dass das, was wir wirklich in jedem Augenblick, in jedem Moment empfangen, reine Eindrücke sind.

Wenn wir eine Person sehen, die uns gefällt oder missfällt, sind Eindrücke dieser Art das Erste, was wir erhalten, nicht wahr? Das können wir nicht abstreiten. Das Leben ist eine Folge von Eindrücken und nicht wie die unwissenden Gebildeten meinen, eine physische Sache von ausschließlich materialistischer Art.

Die Realität des Lebens sind seine Eindrücke! Es ist klar, dass die Ideen, die wir aussenden, nicht sehr leicht zu empfangen, zu erfassen sind. Es ist möglich, dass die Leser sicher sind, dass das Leben als solches existiert und nicht als seine Eindrücke. Sie sind offensichtlich so von dieser physischen Welt beeinflusst, dass sie dies denken. Die Person, die wir beispielsweise dort in einem Stuhl sitzen sehen, in einem Anzug in dieser oder jener Farbe; jener, der uns begrüßt oder jener, der uns anlächelt usw., sie sind für uns wirklich wahr.

Aber wenn wir tief über jeden von ihnen meditieren, kommen wir zu dem Schluss, dass das Wirkliche die Eindrücke sind. Diese kommen auf natürliche Weise durch das Fenster der Sinne in den Verstand.

Wenn wir die Sinne nicht hätten, beispielsweise keine Augen, um zu sehen, noch Ohren, um zu hören, noch einen Mund, um die Speisen, die unser Organismus verdaut, zu schmecken, würde für uns das existieren, was sich physische Welt nennt? Natürlich nicht, absolut nicht.

Das Leben erreicht uns in Form von Eindrücken, und gerade da besteht die Möglichkeit an uns selbst zu arbeiten. Was müssen wir vor allem tun? Wir müssen die Arbeit verstehen, die zu tun ist. Wie können wir eine psychologische Umwandlung in uns selbst erreichen? Indem wir an den Eindrücken arbeiten, die wir in jedem Augenblick, in jedem Moment empfangen. Diese erste Arbeit bekommt den Namen: erster bewusster Schock. Dieser bezieht sich auf die Eindrücke, die alles sind, was wir von der äußeren Welt kennen. Welche Größe haben die wirklichen Dinge, die wirklichen Personen?

Wir müssen uns jeden Tag innerlich umwandeln. Wenn wir unseren psychologischen Aspekt umwandeln wollen, müssen wir an den Eindrücken arbeiten, die in uns eindringen.

Warum nennen wir die Arbeit an der Umwandlung der Eindrücke den ersten bewussten Schock? Weil der *Schock* etwas ist, das wir nicht auf eine rein mechanische Art beobachten können. Dies alles kann niemals in einer mechanischen Art geschehen, es bedarf einer selbstbewussten Anstrengung. Es ist klar, dass man anfängt, diese Arbeit zu verstehen, wenn man aufhören wird, ein mechanischer Mensch zu sein, der den Zwecken der Natur dient.

Denkt man nun über die ganze Bedeutung von all dem, was hier gelehrt wird, durch eigene Anstrengung und beginnend mit der Beobachtung seiner selbst nach, wird man sehen, dass sich auf der praktischen Seite der esoterischen Arbeit alles eng mit der Umwandlung der Eindrücke und dem was sich natürlicherweise daraus ergibt, verbindet.

Die Arbeit beispielsweise an den negativen Gefühlen, an den ärgerlichen Gemütszuständen, an der Identifikation, dem Selbstmitleid, den aufeinanderfolgenden Ichs, der Lüge, der Selbst-Rechtfertigung, den Entschuldigungen, den unbewussten Zuständen, in denen wir uns befinden, ist ganz und gar mit der Umwandlung der Eindrücke, und was daraus resultiert, verbunden.

Es wäre gewissermaßen angebracht, die Arbeit an sich selbst, was die Umwandlung anbelangt, mit einer Sezierung zu vergleichen. Es ist notwendig, an der Eintrittsstelle der Eindrücke ein Element der Veränderung zu bilden, vergessen Sie das nicht.

Durch das Verständnis der Arbeit können Sie das Leben als Arbeit akzeptieren; dann werden Sie wirklich in einen Zustand der fortwährenden Erinnerung an sich selbst eintreten, und der schreckliche Realismus der Umwandlung der Eindrücke wird Ihnen dann auf natürliche Weise begegnen. Die gleichen Eindrücke würden Sie dann auf normale, oder sagen wir besser, auf übernormale Weise in ein besseres Leben führen, und dieselben Eindrücke würden nicht mehr so viel Einfluss auf Sie haben, wie am Anfang Ihrer Umwandlung.

Aber solange Sie weiterhin denken wie bisher und das Leben auf die gleiche Weise nehmen, ist es klar, dass es keinerlei Veränderung in Ihnen geben wird. Die Eindrücke des Lebens umzuwandeln bedeuted, sich selbst umzuwandeln. Diese vollkommen neue Art des Denkens hilft uns, solch eine Umwandlung zu bewirken. Diese ganze Abhandlung basiert ausschließlich auf der radikalen Form, uns umzuwandeln. Wenn man sich nicht umwandelt, erreicht man nichts.

Sie werden natürlich verstehen, dass das Leben ständig von uns fordert, zu reagieren. All diese Reaktionen bilden unser persönliches Leben. Das eigene Leben zu verändern heißt, wirklich unsere Reaktionen zu verändern. Das äußere Leben erreicht uns in Form bloßer Eindrücke, die uns ständig zwingen, auf eine, sagen wir stereotype Weise zu reagieren.

Wenn diese Reaktionen, die unser persönliches Leben bilden, alle negativ sind, wird auch unser Leben negativ sein.

Das Leben besteht aus einer Reihe aufeinanderfolgender negativer Reaktionen, die als unaufhörliche Antworten auf die Eindrücke, die den Verstand erreichen, gegeben werden. Später besteht unsere Aufgabe darin, die Eindrücke des Lebens umzuwandeln, sodass sie nicht diese Art der negativen Antwort hervorrufen. Aber um das zu erreichen, ist es notwendig, sich Augenblick um Augenblick, von Moment zu Moment selbst zu beobachten. Es ist daher dringend notwendig, unsere eigenen Eindrücke zu studieren.

Man kann nicht zulassen, dass die Eindrücke auf subjektive und mechanische Art ankommen. Wenn wir mit eben dieser Kontrolle anfangen, ist es gleichbedeutend damit, das Leben zu beginnen, zu beginnen, bewusster zu leben. Ein Individuum kann sich den Luxus erlauben, dass die Eindrücke nicht mechanisch eindringen und indem es so handelt, wandelt es die Eindrücke um und beginnt bewusst zu leben.

Der erste bewusste Schock besteht in der Umwandlung der Eindrücke, die uns erreichen. Wenn man es schafft, die Eindrücke, die den Verstand erreichen, im Augenblick ihres Eintritts umzuwandeln, erzielt man wunderbare Ergebnisse, die unserer Existenz zugutekommen.

Man kann immer am Ergebnis der Eindrücke arbeiten. Es ist klar, dass sie ohne mechanischen Effekt verfallen, denn diese Mechanik im Innern unserer Psyche pflegt katastrophal zu sein. Diese esoterische gnostische Arbeit muss bis zu dem Punkt gebracht werden, an dem die Eindrücke Einlass finden, denn sie werden durch die Persönlichkeit auf mechanische Weise falschen Orten zugeteilt, um alte Reaktionen hervorzurufen.

Ich werde versuchen, dies zu vereinfachen. Nehmen wir folgendes Beispiel: Werfen wir einen Stein in einen kristallklaren See, entstehen Eindrücke im See und die Antwort auf diese durch den Stein gegebenen Eindrücke manifestiert sich in Form von Wellen, die sich vom Zentrum zum Rand hin ausbreiten.

Jetzt stellen Sie sich den Verstand wie einen See vor. Plötzlich erscheint das Bild einer Person; dieses Bild, das in unserem Verstand ankommt, ist wie der Stein in unserem Beispiel. Sogleich reagiert der Verstand in Form von Eindrücken. Die Eindrücke sind es, die durch das

Bild, das unseren Verstand erreicht, erzeugt werden und die Reaktionen sind die Antworten auf solche Eindrücke.

Wenn man einen Ball gegen eine Wand wirft, bekommt die Wand Eindrücke; später erfolgt die Reaktion im Zurückkommen des Balles zu demjenigen, der ihn geworfen hat. Gut, es kann sein, dass er nicht direkt zurückkommt, aber der Ball wird auf jeden Fall abprallen, und das ist eine Reaktion.

Die Welt besteht aus Eindrücken, zum Beispiel: Durch unsere Sinne kommt ein Bild im Verstand an. Wir können nicht sagen, dass der Tisch angekommen ist oder dass man den Tisch in unser Gehirn gesetzt hat, das ist absurd. Aber das Bild des Tisches ist im Gehirn. Dann reagiert unser Verstand sofort und sagt: Dies ist ein Tisch aus Holz oder aus Metall usw.!

Es gibt Eindrücke, die nicht sehr angenehm sind, zum Beispiel die Worte eines Menschen, der uns beleidigt, nicht wahr? Könnten wir die Worte eines Menschen, der uns beleidigt, umwandeln?

Die Worte sind, wie sie sind; also, was können wir tun? Die Eindrücke umwandeln, die solche Worte in uns erzeugen, das ist möglich. Die gnostische Lehre lehrt uns die zweite Kraft, den Christus, in uns zu kristallisieren mittels des Postulates: „Man muss mit Freude die unangenehmen Äußerungen unserer Mitmenschen empfangen".

Im vorigen Postulat findet man die Art und Weise, die Eindrücke, welche durch beleidigende Worte hervorgerufen werden, umzuwandeln. Mit Freude die unangenehmen Äußerungen unserer Mitmenschen empfangen. Dieses Postulat wird uns auf natürliche Weise zur Kristallisierung der zweiten Kraft, des Christus, in uns führen. Es wird bewirken, dass der Christus in uns Gestalt annimmt.

Wenn wir von der physischen Welt nichts als Eindrücke kennen, dann ist die physische Welt eigentlich nicht so äußerlich, wie die Leute meinen. Mit gutem Grund sagte einmal Immanuel Kant: „Das Äußere ist das Innere." Wenn es das Innere ist, was zählt, müssen wir also das Innere umwandeln. Die Eindrücke sind innerlich, daher existieren all die Objekte und Dinge, alles, was wir sehen, in unserem Inneren in Form von Eindrücken.

Wenn wir die Eindrücke nicht verwandeln, wird sich nichts in uns ändern. Lüsternheit, Habgier, Stolz, Hass usw., existieren in Form von Eindrücken in unserer Psyche, die ununterbrochen vibriert. Das mechanische Resultat dieser Eindrücke sind alle diese unmenschlichen Elemente gewesen, die wir in uns tragen und normalerweise *Ichs* genannt haben, in ihrer Gesamtheit machen sie das *Ich-Selbst*, das *Sich-Selbst* aus.

Nehmen wir zum Beispiel an, dass ein Mann eine provokative Frau sieht und er diese Eindrücke nicht umwandelt. Das Ergebnis wird sein, dass dieselben Eindrücke lüsterner Art in ihm den Wunsch erwecken, sie zu besitzen. Solch ein Wunsch wird das Ergebnis des empfangenen Eindruckes sein, er wird sich kristallisieren, in unserer Psyche Form annehmen und sich in ein weiteres Aggregat verwandeln, sozusagen in ein unmenschliches Element, eine neue Art lüsternen Ichs, das sich der Summe der unmenschlichen Elemente anschließen wird, die in ihrer Ganzheit das Ego bilden.

In uns existiert Zorn, Habgier, Lüsternheit, Neid, Stolz, Faulheit und Gefräßigkeit. Warum Zorn? Weil viele Eindrücke uns, unser Inneres, erreichten und niemals umgewandelt wurden. Das mechanische Ergebnis von solchen Eindrücken des Zorns bildet die Ichs, die existieren, die in unserer Psyche schwingen und uns ständig dazu bringen, wütend zu sein.

Warum Habgier? Ohne Zweifel erweckten viele Dinge in uns Habgier: Geld, Juwelen, materielle Dinge aller Art usw. Diese Dinge, diese Objekte erreichten uns in Form von Eindrücken. Wir begingen den Fehler, diese Eindrücke nicht in etwas anderes umgewandelt zu haben, in eine Anziehung durch Schönheit, in Freude, usw. Solche nicht umgewandelten Eindrücke haben sich natürlich in Ichs der Habgier verwandelt, die wir jetzt in unserem Inneren tragen.

Warum Lüsternheit? Ich habe schon gesagt, dass verschiedene Arten von Lüsternheit in Form von Eindrücken zu uns gelangten, es tauchten sozusagen im Inneren unseres Verstandes erotische Bilder auf und die Reaktion darauf war die Lüsternheit. Da man diese lüsternen Wellen nicht umwandelte, diesen krankhaften Erotismus, ließ das Resultat natürlich nicht auf sich warten; neue krankmachende Ichs wurden in unserer Psyche geboren.

Somit müssen wir noch heute an unseren Eindrücken, die wir in unserem Inneren haben, und an ihren mechanischen Ergebnissen arbeiten. Wir haben in unserem Inneren Eindrücke von Zorn, Habgier, Gefräßigkeit, Stolz, Faulheit und Lüsternheit.

Wir tragen auch die mechanischen Ergebnisse von solchen Eindrücken in uns, ein Bündel streitsüchtiger und schreiender Ichs, die wir jetzt verstehen und beseitigen müssen. Diese Arbeit unseres Lebens besteht darin, zu wissen die Eindrücke umzuwandeln, und auch darin, zu wissen die mechanischen Resultate der in der Vergangenheit nicht umgewandelten Eindrücke aufzulösen.

Die äußere Welt als solche existiert nicht. Das was existiert, sind Eindrücke, und die Eindrücke sind innerlich, und die Reaktionen auf solche Eindrücke sind vollständig innerlich. Niemand könnte sagen, dass er gerade einen Baum *an sich* sieht. Er wird gerade das Bild eines Baumes sehen, aber nicht den Baum. Niemand sieht das Ding an sich, wie Immanuel Kant sagte, man sieht das Bild der Dinge, das heißt, in uns kommt der Eindruck eines Baumes auf, eines Dinges, und dieses ist innerlich, es gehört dem Verstand an.

Wenn man keine eigenen, inneren Veränderungen vornimmt, lässt das Ergebnis nicht auf sich warten: es kommt zur Geburt von neuen Ichs, die unsere Essenz, unser Bewusstsein noch mehr versklaven, die den Traum, in dem wir leben, noch verstärken.

Wenn man wirklich versteht, dass all das, was in einem selbst in Bezug auf die physische Welt existiert, nichts anderes als Eindrücke sind, versteht man auch die Notwendigkeit, diese Eindrücke umzuwandeln, und indem man dies tut, findet die eigene Umwandlung statt.

Es gibt nichts, was mehr schmerzt als die Verleumdung oder die Worte eines beleidigenden Menschen. Wenn einer fähig ist, die Eindrücke, die solche Worte in uns hervorrufen, umzuwandeln, so bleiben diese ohne irgendeinen Wert, sozusagen wie ein ungedeckter Scheck. Sicherlich haben die Worte eines Beleidigenden nicht mehr Wert, als den, welchen der Beleidigte ihnen beimisst.

Wenn also der beleidigte Mensch ihnen keinen Wert beimisst, ich wiederhole, bleiben sie wie ein ungedeckter Scheck. Wenn einer dies versteht, so wandelt er die Eindrücke dieser Worte um, etwa in etwas anderes wie Liebe, Mitleid für den Menschen, der uns beleidigt und das bedeutet natürlich Umwandlung. Wir müssen also ununterbrochen die Eindrücke umwandeln, nicht nur die gegenwärtigen, sondern auch die vergangenen und zukünftigen.

In unserem Inneren gibt es viele Eindrücke, bei denen wir in der Vergangenheit den Fehler begangen haben, sie nicht umzuwandeln und viele mechanische Resultate derselben, welche nun diese Ichs sind, die wir jetzt auflösen, vernichten müssen, um das Bewusstsein zu befreien und zu erwecken. Es ist unerlässlich, über das zu reflektieren, was ich gerade sage. Die Dinge, die Personen sind nichts als Eindrücke in unserem Inneren, in unserem Verstand. Wenn wir diese Eindrücke umwandeln, wandeln wir dadurch unser Leben radikal um.

Wenn es in uns beispielsweise Stolz gibt, hat dieser als Fundament die Unwissenheit. Sich etwa als eine Person zu fühlen, die stolz auf ihre gesellschaftliche Position, auf ihr Geld ist. Wenn aber diese Person zum Beispiel bedenkt, dass ihre gesellschaftliche Position lediglich eine mentale Angelegenheit ist, dass diese eine Reihe von Eindrücken ist, die den Verstand erreicht hat, Eindrücke ihrer gesellschaftlichen Position; wenn sie bedenkt, dass dieser Zustand nichts weiter als eine Frage des Verstandes ist, wenn sie die Frage ihres Wertes analysiert, wird sie sich darüber klar werden, dass ihre Position in ihrem Verstand in Form von Eindrücken existiert.

Diesen Eindruck, den das Geld und die gesellschaftliche Stellung hervorrufen, besteht aus nichts anderem als aus äußeren Eindrücken des Verstandes. Sobald man versteht, dass es sich lediglich um Eindrücke des Verstandes handelt, tritt deren Umwandlung ein. Alsdann zerfällt der Stolz von selbst, er bricht zusammen und auf natürliche Weise wird in uns die Demut geboren.

Um das Studium der Umwandlungsprozesse der Eindrücke weiterzuverfolgen, möchte ich noch etwas anderes anführen. Nehmen wir an, das Bild einer lüsternen Frau kommt uns in den Sinn oder taucht in unseren Gedanken auf.

Solch ein Bild ist offensichtlich ein Eindruck. Wir könnten diesen lüsternen Eindruck durch das Verständnis umwandeln. Es würde schon genügen, wenn wir in diesem Augenblick in Erwägung zögen, dass diese Frau zu sterben hat und ihr Körper auf dem Friedhof zu Staub werden wird, und wenn wir mittels des Vorstellungsvermögens ihren körperlichen Verfall im Sarg sehen würden, so wäre das mehr als genug, diesen lüsternen Eindruck in Keuschheit zu verwandeln. Wenn man ihn nicht umwandelt, wird er sich zu den anderen Ichs der Lüsternheit summieren.

Es ist ratsam, die Eindrücke, die im Geist auftauchen, durch das Verständnis umzuwandeln. Daraus folgt höchst logisch, dass die äußere Welt nicht so äußerlich ist, wie man gewöhnlich glaubt. Alles, was aus der Welt bei uns ankommt, ist innerlich, denn es handelt sich um nichts anderes als um innere Eindrücke.

Niemand könnte einen Baum, einen Sessel, ein Haus, einen Palast, einen Stein in das Innere seines Verstandes hineinsetzen. Alles erreicht unseren Verstand in Form von Eindrücken, das ist alles. Eindrücke von einer Welt, die wir äußerlich heißen und die in Wirklichkeit doch nicht äußerlich ist, so wie man glaubt. Folglich können wir es nicht länger aufschieben, die Eindrücke durch das Verständnis umzuwandeln. Wenn uns jemand begrüßt, uns lobt – wie könnten wir die Eitelkeit umwandeln, die dieser oder jener Schmeichler in uns hervorrufen könnte?

Offensichtlich sind Lob, Schmeicheleien nichts weiter als Eindrücke, die unseren Verstand erreichen und dieser reagiert in Form von Eitelkeit; aber wenn man diese Eindrücke umwandelt, macht dies die Eitelkeit unmöglich. Wie würde man die Worte eines Schmeichlers umwandeln? Durch das Verständnis.

Wenn man wirklich versteht, dass man nichts anderes ist als eine unendlich kleine Kreatur in einem Winkel des Universums, wandelt man tatsächlich für sich selbst diese Eindrücke des Lobes, der Schmeichelei in etwas anderes um; er macht jene Eindrücke zu dem, was sie sind: zu Staub, zu einer kosmischen Staubwolke, weil er seine eigene Position erkennt.

Wir wissen, dass die Galaxie, in der wir leben, aus Millionen von Welten zusammengesetzt ist. Was ist die Erde? Sie ist ein Staubteilchen in der Unendlichkeit. Und wenn wir jetzt sagen würden, dass wir mikroorganische Organismen dieses Teilchens sind, was dann? Hätten wir dies verstanden, würden wir, wenn man uns lobt, eine Umwandlung der Eindrücke, welche mit der Schmeichelei, der Schöntuerei oder dem Lob in Beziehung stehen, vornehmen und als Resultat würden wir nicht in Form von Stolz reagieren.

Je mehr wir über dies nachdenken, desto mehr werden wir die Notwendigkeit einer vollständigen Umwandlung der Eindrücke sehen.

Alles, was wir äußerlich sehen, ist innerlich. Wenn wir nicht mit dem Inneren arbeiten, gehen wir den Weg des Irrtums, weil wir unsere Gewohnheiten nicht ändern werden. Wenn wir anders sein wollen, müssen wir uns gänzlich wandeln, und wir müssen anfangen mit der Umwandlung unserer Eindrücke. Indem man die animalischen und bestialischen Eindrücke in Elemente der Verehrung umwandelt, kommt in uns die sexuelle Umwandlung, die Transmutation, auf.

Zweifelsohne verdient es dieser Aspekt der Eindrücke, auf klare und präzise Weise analysiert zu werden. Die Persönlichkeit, die wir bekommen oder erworben haben, empfängt die Eindrücke des Lebens, wandelt sie aber nicht um, denn sie ist praktisch etwas Totes.

Wenn die Eindrücke direkt auf die Essenz träfen, würden sie selbstverständlich umgewandelt, weil jene sie in der Tat exakt in die entsprechenden Zentren der menschlichen Maschine einlagert. Persönlichkeit ist der Ausdruck, den man für alles, was wir erwerben, verwendet. Es ist klar, dass sie die Eindrücke aus allen Bereichen des Lebens auf eine begrenzte und praktisch stereotype Weise gemäß ihrer besonderen Art und Assoziation übersetzt.

In dieser Hinsicht vergleicht man manchmal in der esoterischen gnostischen Arbeit die Persönlichkeit mit einer sehr schlechten Sekretärin, die im gegenüberliegenden Büro sitzt, und sich mit all den Ideen, Konzepten, Vorüberlegungen, Meinungen und Vorurteilen beschäftigt. Sie hat eine Unmenge von Lexika, Enzyklopädien jeder Art, Nachschlagewerken usw., und sie ist aufgrund ihrer ungewöhnlichen Ideen von all den Zentren d. h. dem mentalen, dem emotionalen und den physischen Zentren abgeschnitten – getrennt vom intellektuellen, motorischen, emotionalen, instinktiven und sexuellen Zentrum.

Die Folge ist, dass sie sich fast immer mit den falschen Zentren in Verbindung setzt. Dies bedeutet, dass die hereinströmenden Eindrücke zu den falschen Zentren geschickt werden, sozusagen an Orte, die ihnen nicht entsprechen, wobei natürlich falsche Ergebnisse erzielt werden.

Ich werde ein Beispiel anführen, damit man mich besser versteht. Nehmen wir an, eine Frau hört einem Herrn mit viel Achtung und Respekt zu; es ist klar, dass die Eindrücke, die der Herr nun in seinem Verstand empfängt, von der Persönlichkeit empfangen werden und diese schickt sie zu den falschen Zentren.

Normalerweise schickt sie sie zum Sexualzentrum und das führt dazu, dass dieser Herr fest glaubt, die Dame sei in ihn verliebt, und logischerweise vergeht nicht viel Zeit, bis er beginnt, Anspielungen anzüglicher Art zu machen. Ohne Zweifel wird jene Dame, wenn sie niemals so geartete Absichten in Bezug auf den Herrn gehabt hat, völlig zu Recht überrascht sein.

Dies ist das Ergebnis einer sehr schlechten Umwandlung der Eindrücke. Wir sehen hier, welch schlechte Sekretärin die Persönlichkeit ist. Es ist unbestreitbar, dass das Leben eines Menschen von dieser Sekretärin abhängt, die die Umwandlung in ihren Nachschlagewerken sucht, ohne irgendetwas davon zu verstehen, was das Ereignis in Wirklichkeit bedeutet, und die Konsequenz ist, dass sie vermittelt, ohne sich um das zu kümmern, was geschehen könnte, wobei sie aber meint, nur ihre Pflicht zu erfüllen.

Das ist unsere innere Situation. Bei dieser Allegorie ist es wichtig zu verstehen, dass die menschliche Persönlichkeit, die wir erwerben und die wir auch erwerben sollen, anfängt, unser Leben zu bestimmen. Zweifelsohne ist es nutzlos, sich vorzustellen, dass dies nur mit bestimmten Personen geschieht, es geschieht allen, wer es auch sein mag.

Es befindet sich im Bereich des Beobachtbaren, dass wirklich unzählige charakteristische Reaktionen existieren, hervorgehend aus den Eindrücken, die uns erreichen. Unglücklicherweise beherrschen uns diese mechanischen Reaktionen. Es ist klar, dass im Leben jeder durch das Leben selbst beherrscht wird, wobei es keine Rolle spielt, ob er sich liberal oder konservativ, revolutionär oder bolschewistisch, gut oder böse im Sinne des Wortes nennt.

Es ist offensichtlich, dass diese Reaktionen auf die Einschläge der äußeren Welt unser eigenes Leben ausmachen. Deshalb können wir mit Nachdruck sagen, dass die Menschheit völlig mechanistisch ist. Jeder Mensch hat sich in seinem Leben eine enorme Menge von Reaktionen angeeignet, welche die praktischen Erfahrungen seiner Existenz sein werden. Es ist klar, dass jede Aktion ihre Reaktion hervorruft, Aktionen bestimmter Art und solche Reaktionen werden Erfahrungen genannt.

Wichtig wäre es beispielsweise, fähig zu sein, den Geist zu entspannen, mit dem Ziel unsere Aktionen und Reaktionen besser kennenzulernen. Das mit der mentalen Entspannung ist wunderbar. Man legt sich in sein Bett oder setzt sich in einen bequemen Sessel, entspannt geduldig alle Muskeln und leert dann den Geist von allen Arten von Gedanken, Wünschen, Gefühlen, Erinnerungen.

Wenn der Verstand ruhig ist, wenn im Verstand Stille herrscht, können wir uns selbst besser kennenlernen. In solchen Momenten der mentalen Ruhe und Stille werden wir wirklich den rohen Realismus aller Aktionen des täglichen Lebens in direkter Form erfahren.

Wenn der Geist sich in absoluter Ruhe befindet, sehen wir eine Menge von Elementen und Sub-Elementen, Aktionen und Reaktionen, Wünschen, Leidenschaften usw., wie etwas, was sich außerhalb von uns selbst befindet, aber auf den richtigen Moment wartet, um Kontrolle über uns selbst und über unsere Persönlichkeit ausüben zu können. Aus diesem Grunde ist die Stille und Ruhe des Geistes wertvoll. Offensichtlich ist die Entspannung des Verstandes eine Wohltat im wahrsten Sinne des Wortes, weil sie uns zu individueller Selbsterkenntnis führt.

Somit ist das ganze Leben, das äußere Leben sozusagen, alles, was wir sehen und leben, für jede Person nichts weiter als ihre Reaktion auf die Eindrücke, die aus der physischen Welt stammen.

Es ist ein großer Irrtum zu denken, dass das, was wir Leben nennen eine festgelegte, solide für jeden genau gleiche Sache wäre. Sicherlich gibt es keine zwei Personen, welche die gleichen Eindrücke erhalten, die bezüglich des Lebens in der menschlichen Art existieren, da diese unendlich viele sind.

Das Leben ist sicherlich unser Eindruck von ihm und es ist klar, dass wir, wenn wir es uns vornehmen, jene Eindrücke verwandeln können. Aber, wie bereits gesagt wurde, ist diese Idee sehr schwer zu verstehen, weil die Hypnose unserer Sinne sehr mächtig ist.

Obgleich es unglaublich scheint, befinden sich alle menschlichen Wesen in einem Zustand der kollektiven Hypnose. Solche Hypnose wird von dem Überbleibsel des Kundartiguador produziert; als man diesen beseitigte, blieben die verschiedenen psychologischen Aggregate oder unmenschlichen Elemente, die in ihrer Gesamtheit das Ich-Selbst, das Sich-Selbst bilden. Diese Elemente und Sub-Elemente engen ihrerseits das Bewusstsein ein und halten es im Zustand der Hypnose. Zudem gibt es auch die Hypnose kollektiver Art. Die ganze Welt ist hypnotisiert!

Der Verstand ist in der Welt der fünf Sinne gefangen und nicht in der Lage zu verstehen, wie er sich von ihnen unabhängig machen kann, er glaubt fest daran, ein Gott zu sein. Unser inneres Leben, das wahre Leben des Denkens und Fühlens bleibt weiterhin verwirrt für unsere rein verstandesmäßigen und intellektuellen Anschauungen. Jedoch wissen wir zur gleichen Zeit sehr gut, dass der Platz, wo wir wirklich leben, unsere Welt der Gedanken und Gefühle ist, und dies ist etwas, das niemand abstreiten kann.

Das Leben besteht aus unseren Eindrücken und diese können umgewandelt werden. Wir müssen lernen, unsere Eindrücke umzuwandeln, aber es ist nicht möglich, irgendeine Sache in uns umzuwandeln, wenn wir weiterhin der Welt der fünf Sinne verhaftet bleiben. Wie ich in meiner Abhandlung der revolutionären Psychologie gesagt habe, lehrt einem die

Erfahrung, dass man es sich selbst zuzuschreiben hat, wenn die esoterische gnostische Arbeit negativ ist.

Vom sensorischen Standpunkt aus trägt die Schuld diese oder jene Person der äußeren Welt, die man durch Augen und Ohren sieht und hört. Diese Person ihrerseits wird sagen, dass wir die Schuldigen sind, aber in Wirklichkeit liegt die Schuld bei den Eindrücken, die wir von den Personen haben. Viele Male denken wir, dass eine Person verdorben ist, obwohl sie im Grunde sanft ist wie ein Lamm.

Es wäre sehr angebracht zu lernen, all die Eindrücke, die wir vom Leben erhalten, umzuwandeln.

„Man muss lernen, die unangenehmen Äußerungen unserer Mitmenschen mit Freude zu empfangen".

Der geistige Magen

Aus dem letzten Kapitel wissen wir, dass es drei Arten der Nahrung gibt; die der Atmung, die der eigentlichen Nahrung und die der Eindrücke.

Die Verdauung der Speisen hat als Ergebnis die Assimilierung vitaler Energien für das Blut. Das Ergebnis der Atmung ist die Assimilierung von Sauerstoff, der so wichtig für das menschliche Leben ist. Die Assimilierung oder Verdauung der Eindrücke hat als Ergebnis die Absorption einer Energie, die feiner ist als die anderen beiden.

Die fünf Sinne entsprechen den Eindrücken. Es gibt zwei Arten von Eindrücken: angenehme und unangenehme. Das menschliche Wesen muss zu leben wissen, aber dafür muss es lernen, die Eindrücke zu verdauen und umzuwandeln; dies ist entscheidend für das Verständnis.

Wir müssen die Eindrücke umwandeln, wenn wir wirklich verstehen wollen, zu leben. Alle Eindrücke, die den Verstand erreichen, haben Wasserstoff 48. Es ist bedauerlich, dass das menschliche Wesen mechanisch lebt. Der Mensch kann den Wasserstoff H-48 in H-24 umwandeln, um die Chakras zu stärken, den H-24 in H-12, um den Geist zu stärken und den H-12 in H-6, um den Willen zu stärken.

Gegenwärtig ist es nötig, den Verstand umzuwandeln und in ein neues mentales Niveau überzugehen, sonst werden die Eindrücke weiterhin an den falschen Orten ankommen, wie immer. Die Leute glauben, sie könnten die Dinge aus verschiedenen Blickwinkeln sehen, und halten sich für souverän, aber sie bemerken nicht, dass der menschliche Verstand durch Konzepte und Vorurteile eingeschränkt ist.

In dieser modernen Zeit müssen wir den mentalen Apparat umwandeln, müssen wir anders sein. Es ist dringend und notwendig zugleich, einen höheren intellektuellen Apparat herzustellen, geeignet, die Eindrücke zu leiten und umzuwandeln.

So wie der Verdauungsapparat einen Magen hat, damit die Speisen assimiliert werden können, und so wie das Atemsystem Lungen hat, um den Sauerstoff zu assimilieren, wird der Maschinen-Mensch einen mentalen Magen erschaffen müssen – nicht zu verwechseln mit dem physischen.

Bevor wir die Eindrücke verdauen, müssen wir sie umwandeln. Die gnostische Lehre gestattet und erleichtert die Erschaffung dieses Magens, um aus dem intellektuellen Tier etwas anderes zu machen.

Das Bedürfnis nach Umwandlung kann nicht auftreten, wenn man diese Notwendigkeit nicht verstanden hat; dieses Verständnis keimt auf, wenn man gnostisches Wissen hat.

Wenn man anders und positiv über die Leute denkt, ist es ein Zeichen, dass man sich zu ändern beginnt. Wir müssen aufhören zu sein, was wir sind, um zu sein, was wir nicht sind. Man muss sich selbst verloren gehen. Das Ergebnis all dessen ist das Auftauchen von jemandem, der nicht man selbst ist.

Auf dem Weg der Umwandlung der Eindrücke muss man ehrlich mit sich selbst sein und darf sich nichts vormachen. Anfangs kommt die Rechtfertigung in einem auf, aber man muss lernen, dass solch eine Rechtfertigung die Frucht der Eigenliebe sein kann.

Man muss die Ursachen und die Gründe der Handlungen entdecken, die wir aufgrund der Eindrücke ausführten. Wenn man die Eindrücke umwandelt, wird alles neu. Nur die Meister der okkulten Bruderschaft können die Eindrücke unmittelbar umwandeln, während die menschlichen Maschinen sie nicht umwandeln.

Der bewusste Mensch kann die Situationen, die durch vergangene, gegenwärtige und zukünftige Eindrücke entstehen, verändern. Wenn die Leute nicht in der Lage sind, die Umstände umzuwandeln, werden sie weiterhin das Spielzeug der Umstände und anderer Menschen bleiben.

Das Leben hat ein Ziel, das einer höheren Welt; die Gnosis lehrt eine höhere Welt zu erleben, in einer solaren und unsterblichen Menschheit zu leben. Würde man eine höhere Welt nicht akzeptieren, hätte die Umwandlung keinen Sinn, das ist offensichtlich.

Der Verstand nutzt im gegenwärtigen Zustand gar nichts. Man muss ihn organisieren, neu formen, einrichten usw., das heißt, auf ein höheres intellektuelles Niveau bringen.

Um die Eindrücke umwandeln zu können, müssen wir die Szene, so wie sie sich ereignet hat, rekonstruieren und feststellen, was uns an meisten verletzt hat. Wenn es keine Verdauung der Eindrücke gibt, werden wir keine Nahrung haben, und wenn es keine Nahrung gibt, werden die existenziellen Körper des Seins dahinwelken.

Das Ich wird vom Wasserstoff 48 regiert und nährt sich von ihm. Jeden Tag, jede Stunde werden neue Ichs geboren. Zum Beispiel: Die Moskitos ärgern uns, der Regen ebenfalls usw. Stets gibt es eine Addition und Subtraktion von Ichs.

Die guten Eindrücke müssen auch umgewandelt werden. Wenn wir während des Tages drei Eindrücke hatten, die unseren Gemütszustand beeinflusst haben, müssen diese des Nachts studiert und umgewandelt werden, wobei man ein geordnetes System benutzt. Jedes Ich ist mit anderen verbunden und sie treten gemeinsam auf. Die Ichs vereinigen sich, um die gleiche Szene zu bilden.

Man muss analytisch und klug sein, um die Eindrücke umzuwandeln; und damit tauchen schließlich neue Fähigkeiten auf. Wenn die Leute sich nicht ändern, werden sie weiterhin in einem schändlichen und lächerlichen Zustand bleiben. Da es keine Verdauung gibt, gerät man in die Involution.

Man muss die Eindrücke an dem Tag verdauen, an dem sie auftreten ... Lass nie die Sonne über deinen Zorn untergehen! Man muss die Dinge sehen, wie sie sind, man muss den geeigneten mentalen Apparat – den mentalen Magen – erschaffen, um nicht Opfer von irgendetwas zu werden.

System zur Umwandlung der Eindrücke des Tages

Es ist dringend und notwendig, die Eindrücke des Tages, bevor wir schlafen gehen, auf folgende Weise umzuwandeln:

1. Völlige Entspannung.
2. Den Zustand der Meditation erreichen.
3. Die Szene wieder erleben, wie sie sich ereignet hat.
4. In sich selbst das Ich suchen, welches das Problem verursacht hat.
5. Während wir ruhig beobachten, setzen wir das Ich auf die Anklagebank und schreiten zur Verurteilung.
6. Wir bitten die göttliche Mutter Kundalini um die Auflösung des Problem-Ichs.

Kapitel II

Bild, Werte und Identität

In der mentalen Dynamik müssen wir etwas darüber wissen, wie und warum der Verstand funktioniert. In der mentalen Dynamik ist es wichtig, etwas über das Wie und das Warum der verschiedenen Funktionalismen des Verstandes zu wissen.

Es ist notwendig, ein realistisches System zu haben, wenn wir wahrlich das Potenzial des menschlichen Verstandes kennenlernen wollen. Wir müssen die Qualität der Werte, der Identität und des Bildes von uns selbst verbessern. Ich denke, dass eine Wandlung der Werte, des Bildes und der Identität grundlegend nötig ist.

Das intellektuelle Tier, irrtümlicherweise Mensch genannt, hat sich dazu erzogen, seine wahre Identität, seine wahren Werte und sein wahres Bild zu verneinen. Die negative Kultur zu akzeptieren, die auf subjektive Weise in unserem Verstand, in unserem Inneren installiert ist, um so dem Weg des geringsten Widerstandes zu folgen, ist absurd. Wir brauchen eine objektive Kultur.

Die subjektive Kultur dieser dekadenten Epoche ohne Weiteres zu akzeptieren, der Linie des geringsten Widerstandes folgend, ist zweifelsohne absurd. In dieser Frage des Bildes, der Werte und der Identität müssen wir uns einer totalen Revolution und einem definitiven Wandel unterziehen. Das äußere Bild des Menschen und die verschiedenen Umstände, die ihn umgeben, sind das exakte Ergebnis seines inneren Bildes und seiner psychologischen Prozesse.

Das Selbstbild ist anders, es ist der innere K. M., der kosmische Mensch, der Kosmos-Mensch, unser göttlicher Prototyp, das wirkliche Sein. Bild, Werte und Identität müssen auf radikale Weise umgewandelt werden. Das ist integrale Revolution. Wir brauchen die Identität des Seins, Werte des Seins und das Bild des Seins. Wenn wir die Intelligenzreserven entdecken, die sich im Verstand befinden, können wir sie befreien.

Die Intelligenzreserven sind die verschiedenen Teile des Seins, die uns die Richtung weisen in der Arbeit, welche sich auf die Auflösung des Egos und auf die Befreiung des Verstandes bezieht.

Die Intelligenzreserven, die sich im Verstand befinden, weisen uns die Richtung in der Arbeit, die sich auf die Befreiung des Verstandes bezieht. Die Werte des Seins stellen die Intelligenz dar. Die Intelligenzreserven sind die verschiedenen Teile des Seins, die uns führen und uns die Richtung in der psychologischen Arbeit weisen, welche sich auf die Vernichtung des Egos und die Befreiung des Verstandes bezieht.

Wir müssen immer zwischen Verstand und Sein differenzieren. Wenn jemand akzeptiert, dass der Verstand im Ego eingekapselt ist, zeigt dies, dass er zu reifen begonnen hat.

In der Frage der Auflösung des Ichs ist es notwendig, die Struktur- und die Transaktionsanalyse zu kombinieren.

Nur die Werte der Intelligenz können den Verstand befreien, indem die unerwünschten psychischen Elemente aufgelöst werden.

Die Selbstkritik

Wir müssen aufrichtig mit uns selbst sein und die Sezierung des Ichs mit dem schrecklichen Skalpell der *Selbst-Kritik* durchführen.

Es ist absurd, die Fehler anderer zu kritisieren; das Wesentliche ist, unsere Fehler zu entdecken und sie dann durch Analyse und tiefes Verstehen aufzulösen.

Es ist nur möglich, kollektiv zu handeln, wenn jedes Individuum fähig ist, individuell mit vollem und absolutem Bewusstsein dessen, was es tut, zu handeln.

Die Arbeit mit den Systemen der Revolution der Dialektik wird ungeduldigen Leuten sehr langwierig erscheinen.

Aber es gibt keinen anderen Weg. Diejenigen, die schnelle und unmittelbare Änderung in der psychologischen und sozialen Ordnung wollen, schaffen starre Normen, Diktaturen des Verstandes, sie sehnen sich nicht danach, dass man zu denken weiß, sondern diktieren, was gedacht werden muss.

Jede plötzliche Umwandlung täuscht ihr eigenes Ziel, und der Mensch ist wieder Opfer dessen, wogegen er gekämpft hat. In uns selbst sind alle Gründe des Versagens jeglicher Organisation.

Das Selbstbild

Man darf die wunderbare Doktrin der Nicht-Identifizierung nicht damit verwechseln, sich korrekt zu identifizieren, sich vorzustellen und sich zu bewerten. Anstatt eine veraltete und degenerierte Kultur in unserem Verstand zu behalten, müssen wir uns selbst neu erziehen. Wir müssen ein exaktes Konzept von uns selbst haben. Jeder hat ein falsches Konzept von sich selbst. Es ist unaufschiebbar, dass wir uns Selbstwiederfinden, Selbsterkennen, korrekt wiedererziehen und wiederbewerten.

Der im Ego eingekapselte Verstand kennt nicht die authentischen Werte des Seins. Wie könnte der Verstand wiedererkennen, was er niemals erkannt hat?

Die mentale Freiheit ist nur möglich, wenn wir den Verstand befreien.

Die falschen Konzepte der Selbst-Identität kapseln den Verstand ein. Das Äußere ist nur die Spiegelung des Inneren. Das Bild eines Menschen schafft sein äußeres Bild. Das Äußere ist der Spiegel, in dem sich das Innere spiegelt. Jede Person ist das Ergebnis seiner eigenen mentalen Prozesse.

Der Mensch muss seinen eigenen Verstand selbst erforschen, wenn er sich korrekt identifizieren, bewerten und eine korrekte Vorstellung von sich will. Die menschlichen Gedanken sind zu 99 % negativ und schädlich.

Die Selbst-Anbetung

Im Zusammenleben in der Gemeinschaft gibt es Selbst-Entdeckung, Selbst-Enthüllung. Wahrlich, wenn sich im Zusammenleben der Geist in wacher Wahrnehmung befindet, treten die versteckten Fehler zutage, springen hervor. Dann sehen wir, wie sie wirklich sind.

Wir menschlichen Wesen sind im Grunde alle Narzisten, verliebt in sich selbst. Beobachtet einen Sänger auf der Bühne des Theaters: Er ist bis zum Wahnsinn in sich selbst verliebt, betet sich an, verehrt sich abgöttisch, und wenn der Applaus einsetzt, erreicht er die Klimax seiner Selbstanbetung, denn das ist genau das, was er ersehnt, was er mit unendlichem Durst erwartet. Wahrlich, die Eitelkeit ist die lebende Manifestation der Eigenliebe. Das Ich schmückt sich, damit andere es verehren.

Wenn das Ich beginnt, die Persönlichkeit des Kindes zu kontrollieren, verschwindet die spontane Schönheit, dann beginnt die Überbewertung des geliebten Ichs und das Kind träumt davon, die Welt zu beherrschen und der Mächtigste auf Erden zu sein.

Das Selbsturteil

Der Mensch, der es zulässt, dass sich in ihm auf spontane Weise jenes ausdrückt, was man Selbst-Urteil oder inneres Urteil nennt, wird geführt werden von der Stimme des Bewusstseins und auf dem rechten Weg gehen.

Jeder Mensch, der dem Selbst-Urteil unterliegt, verwandelt sich wirklich und nach eigenem Recht in einen guten Bürger, einen guten Ehemann, einen guten Missionar, einen guten Vater usw. Um unsere innersten Widersprüche kennenzulernen, ist es notwendig, uns selbst zu entdecken. Wer sich selbst-entdeckt, kann mit Erfolg an der Auflösung des vielfältigen Ichs arbeiten.

Die innersten Widersprüche gründen auf der Vielfältigkeit des Ichs, die fürchterlichen Widersprüche, die wir in uns tragen, verbittern das Leben auf bedauernswerte Weise. Wir sind Arbeiter und wollen Potentaten sein, wir sind Soldaten und wollen Generäle sein. Beabsichtigen wir, ein Haus zu haben, und erreichen es auch, so verkaufen wir es, weil wir dessen überdrüssig sind, und wollen ein anderes.

Mit nichts sind wir zufrieden, wir suchen das Glück in Ideen und auch diese ziehen vorüber und gehen vorbei. Wir suchen das Glück im Zusammenleben, in Freundschaften, die heute für uns und morgen gegen uns sind. So sehen wir also, dass alles illusorisch ist.

Nichts im Leben kann uns das Glück schenken. Mit so vielen Widersprüchen sind wir wahrlich erbärmlich. Es ist notwendig, das vielfältige Ich zu vernichten, nur so können wir den verborgenen Ursprung all unserer Widersprüche und Bitternisse vernichten. Diejenigen, die das Ich schon aufgelöst haben, besitzen in der Tat den SBZ.

In der Welt existieren viele Schulen, Systeme und viele Menschen, die wie Schmetterlinge von Schule zu Schule flattern, ständig voll innerer Widersprüche, ständig unzufrieden, ständig auf der Suche nach dem Weg, den sie nicht finden, auch wenn er noch so nahe vor ihren Augen liegt. Das vielfältige Ich lässt sie den Weg der Wahrheit und des Lebens nicht sehen. Der schlimmste Feind der Erleuchtung ist das Ich.

Man fragte einen Meister. »Was ist der Weg?«

»Welch wunderbarer Berg«, sagte er über den Berg, wo er seinen Ruhesitz hatte.

»Ich frage euch nicht nach dem Berg, sondern nach dem Weg.«

»Solange du nicht jenseits des Berges gelangen kannst, wirst du den Weg nicht finden«, antwortete der Meister.

Das Ich kann auch gute Werke tun und viele Verdienste erlangen, die seinen psychologischen Charakter verbessern, aber niemals wird es die Erleuchtung erreichen können. Wir müssen die Erleuchtung suchen, und alles andere wird uns gegeben werden. Es ist unmöglich, die Erleuchtung zu erlangen, ohne das SBZ zu besitzen.

Es ist unmöglich, ein ständiges Bewusstseinszentrum zu besitzen, ohne das vielfältige Ich aufgelöst zu haben.

Die Selbst-Idee

Intellektuelle Information und Ideen anderer sind keine eigenen Erlebnisse. Gelehrsamkeit ist nicht Erfahrung. Der Versuch, die Probe, die ausschließlich dreidimensionale Veranschaulichung sind nicht unitotal.

Meinungen, Konzepte, Theorien, Hypothesen bedeuten nicht Verifikation, Experimentieren, volles Bewusstsein über dieses oder jenes Phänomen.

Es muss irgendeine höhere Fakultät als die des Verstandes existieren, unabhängig vom Intellekt, fähig, uns Kenntnis und direkte Erfahrung über jegliches Phänomen zu verschaffen.

Nur, indem wir uns vom Verstand befreien, können wir wahrhaft das, was es an Realem gibt, jenes, was sich in potenziellem Zustand hinter jeglichem Phänomen befindet, erleben.

Die Welt ist nur eine illusorische Form, die sich unvermeidbar am Ende des Großen kosmischen Tages auflösen wird.

Meine Person, dein Körper, meine Freunde, die Dinge, meine Familie usw., sind im Grunde das, was die Inder *Maya* nennen, die Illusion; eitle mentale Formen, die sich früher oder später zu kosmischem Staub reduzieren werden. Meine Gefühle, die liebsten Wesen, die uns umgeben usw., sind einfache mentale Formen, die keine wirkliche Existenz haben.

Der intellektuelle Dualismus wie Genuss und Schmerz, Lob und Tadel, Triumph und Niederlage, Reichtum und Elend stellen den schmerzhaften Mechanismus des Verstandes dar.

Es kann keine Selbst-Idee und kein wirkliches Glück in uns existieren, solange wir Sklaven des Verstandes sind.

Niemand kann die Selbst-Idee entwickeln, solange er Sklave des Verstandes ist. Das, was die Wirklichkeit ist, ist nicht eine Frage von Vermutungen aus Büchern oder Ideen Fremder, sondern von direkter Erfahrung.

Wer sich vom Intellekt befreit, kann experimentieren und ein Element fühlen, das radikal verändert.

Wenn wir uns vom Verstand befreien, wandelt sich dieser in ein gefügiges, elastisches und nützliches Vehikel, mittels dessen wir uns ausdrücken.

Die höhere Logik lädt uns ein zu denken, dass die Emanzipation vom Verstand tatsächlich gleichbedeutend ist mit der Bewusstseinserweckung, dem Ende des Automatismus.

Aber kommen wir zur Sache: Wer oder was ist es, das den quälenden Ideen anderer entfliehen muss? Es ist offensichtlich, die Antwort auf diese Fragen ist folgende: Das Bewusstsein, das, was wir an Seele in uns haben, ist es, was befreit werden kann und befreit werden muss.

Die anderen Ideen der Pseudoliteratur dienen nur dazu, uns die Existenz zu verbittern. Das wahre Glück ist nur möglich, wenn wir uns vom Intellekt emanzipieren.

Jedoch müssen wir erkennen, dass für diese ersehnte Befreiung des Bewusstseins ein großes Hindernis existiert. Ich beziehe mich auf den fürchterlichen Kampf der Antithesen.

Die Essenz oder das Bewusstsein lebt, unglücklicherweise eingekapselt in dem komplexen intellektiven Dualismus der Gegensätze von ja und nein, gut und schlecht, hoch und tief, mein und dein, Gefallen und Missfallen, Freude und Schmerz usw.

In jeder Hinsicht erweist es sich als großartig, in der Tiefe zu verstehen, dass, wenn das Unwetter ausgeliehener Ideen im Ozean des

Verstandes endet und der Kampf der Gegensätze aufhört, die Essenz entflieht, in das eingeht, was das Wirkliche ist und mit all ihrem Glanz die Selbst-Idee, die Keim-Idee zutage bringt.

Kapitel III

Mo - Chao

Das chinesische Wort *Mo* bedeutet schweigsam oder gelassen; *Chao* bedeutet nachdenken oder beobachten. Mo-Chao kann man daher als gelassene Reflexion oder gelassene Beobachtung übersetzen.

Das Schwierige und Arbeitsaufwendige ist, absolute mentale Stille in allen Stufen des Unterbewusstseins zu erreichen.

Ruhe und Schweigen auf dem rein oberflächlichen intellektuellen Niveau oder in einigen unterbewussten Bereichen zu erreichen ist nicht ausreichend, da die Essenz weiterhin im versunkenen, infrabewussten und unbewussten Dualismus eingekapselt ist.

Gedankenleere ist etwas allzu Oberflächliches, Leeres und Intellektuelles.

Wir brauchen gelassene Reflexion, wenn wir wirklich die Ruhe und das absolute Schweigen des Verstandes erreichen wollen.

Hingegen ist es klar zu verstehen, dass im reinen Gnostizismus die Begriffe Gelassenheit und Reflexion sehr viel tiefere Bedeutungen haben, und deshalb müssen sie in ihren besonderen Nebenbedeutungen verstanden werden.

Das Gefühl von Gelassenheit übertrifft das, was man normalerweise unter Ruhe und Stille versteht, und es beinhaltet einen superlativen Zustand, der jenseits aller Überlegungen, Wünsche, Widersprüche und Worte liegt.

Es bezeichnet eine Situation außerhalb des weltlichen Tumults.

Ebenso ist der Sinn der Reflexion jenseits dessen, was man gewöhnlich unter Kontemplation eines Problems oder einer Idee versteht. Es impliziert hier keine mentale Aktivität oder kontemplative Gedanken, sondern eine Art von objektivem Bewusstsein, klar und reflektierend, immer erleuchtet in seiner eigenen Erfahrung.

Deshalb ist *gelassen* hier Gelassenheit ohne Gedanken, und *Reflexion* bedeutet intensives und klares Bewusstsein. Gelassene Reflexion ist das klare Bewusstsein in der Ruhe des Nicht-Denkens.

Wenn die vollkommene Gelassenheit herrscht, erreicht man die wahre tiefe Erleuchtung.

Zerstreuter Verstand und integraler Verstand

In mentaler Dynamik ist es wichtig zu wissen, wie und warum der Verstand funktioniert. Allein, indem wir das wie und warum lösen, können wir den Verstand zu einem nützlichen Instrument machen.

Die intellektuelle Freiheit ist nur möglich auf der Basis des Verstehens, des Verständnisses und des Wissens um die verschiedenen Funktionalismen des Verstandes.

Nur wenn wir die verschiedenen Mechanismen des Verstandes kennen, können wir uns von ihm befreien, um ihn zu einem nützlichen Instrument zu machen. Es ist unaufschiebbar, uns selbst kennenzulernen, wenn wir wirklich unseren eigenen Verstand auf vollständige Weise kontrollieren wollen. Hippokrates, der große Arzt, war einer der klassischen Meister des Verstandes.

Der menschliche Verstand ist konditioniert. Der Wille, frei von allen Ketten, ist nur möglich, indem man das Ego auflöst. Der Verstand muss sich zu einem dem Menschen gehorsamen Mechanismus wandeln. Die Reife beginnt, wenn wir es als Realität akzeptieren, dass der menschliche Verstand konditioniert ist.

Es ist möglich, die Befreiung des Verstandes zu erreichen, wenn wir die Intelligenz, die er besitzt, entdecken. Wir brauchen einen integren Verstand anstelle eines zerstreuten Verstandes.

Die Revolution der Meditation

Die Technik der Meditation erlaubt uns, bis in die Höhen der Erleuchtung und der Revolution der Dialektik zu gelangen. Wir müssen unterscheiden zwischen einem Verstand, der ruhig ist und einem Verstand, der mit Gewalt ruhiggestellt wurde.

Wenn der Verstand mit Gewalt ruhiggestellt wurde, ist er nicht wirklich ruhig, er ist mit Gewalt geknebelt und in den tiefsten Niveaus des Verstandes herrscht ein wahres Gewitter. Wenn der Verstand mit Gewalt zum Schweigen gebracht wurde, herrscht nicht wirkliches Schweigen, denn in der Tiefe klagt, schreit und verzweifelt er.

Es ist notwendig, während der Meditation die Bewegungen innerhalb des denkenden Prinzips zu beseitigen. Wenn das denkende Prinzip unter unsere Kontrolle gelangt, kommt die Erleuchtung spontan in uns auf.

Die mentale Kontrolle erlaubt uns, die Fußeisen, die durch Gedanken geschaffen wurden, zu zerstören. Um die Ruhe und das Schweigen des Verstandes zu erreichen, ist es notwendig, von Augenblick zu Augenblick zu leben, jeden Moment zu nutzen wissen und nicht den Moment zu dosieren. Schöpft jeden Moment völlig aus, denn jeder Moment ist ein Sohn der Gnosis, jeder Moment ist absolut, lebendig und bedeutungsvoll. Die Augenblicklichkeit ist die besondere Charakteristik der Gnostiker. Wir lieben die Philosophie der Augenblicklichkeit.

Der Meister Ummos sagte zu seinen Schülern: „Wenn Sie gehen, gehen Sie; wenn Sie sich setzen, setzen Sie sich, doch zögern Sie nicht."

Ein erstes Studium in der Technik der Meditation ist das Vorzimmer dieses göttlichen Friedens, der alle Kenntnis übertrifft.

Die höchste Form des Denkens ist das Nicht-Denken. Wenn man die Ruhe und das Schweigen das Verstandes erreicht, entfernt sich das Ich mit all seinen Leidenschaften, Wünschen, Verlangen, Ängsten, Gefühlen usw. Nur in Abwesenheit des Ichs, in Abwesenheit des Verstandes, kann das Buddhata erwachen, um sich mit dem Intimus zu verbinden und uns zur Ekstase zu führen.

Es ist falsch, wenn die Schule der Schwarzen Magie von Subub behauptet, die Monade oder die große Wirklichkeit dringe in jene ein, die noch nicht die höheren existenziellen Körper des Seins besitzen. Was in die finsteren Fanatiker von Subub eintritt, sind die finsteren Wesenheiten, die sich in ihnen mit Gesten, Handlungen, bestialischen und absurden Worten ausdrücken. Diese Menschen sind vom Finsteren besessen.

Die Ruhe, das Schweigen des Verstandes hat ein einziges Ziel: die Essenz vom Verstand zu befreien, damit sie, verschmolzen mit der Monade oder dem Intimus, das erfahren kann, was wir die Wahrheit nennen. Während der Ekstase und in Abwesenheit des Ichs kann die Essenz in der Welt des Feuernebels leben und die Wahrheit erfahren.

Wenn der Verstand sich in passivem und aufnahmefähigem Zustand befindet, vollkommen ruhig und in Stille, befreit sich die Essenz oder das Buddhata aus dem Verstand und die Ekstase kommt auf. Die Essenz ist immer gefangen im Kampf der Gegensätze, aber wenn der Kampf endet und die Stille absolut ist, wird die Essenz frei und ihr Gefängnis zerbricht. Wenn wir die Meditation praktizieren, wird unser Verstand von vielen Erinnerungen, Wünschen, Leidenschaften und Besorgnissen usw., angegriffen.

Wir müssen den Konflikt zwischen der Aufmerksamkeit und der Zerstreutheit vermeiden. Es existiert ein Konflikt zwischen der Aufmerksamkeit und der Zerstreutheit, wenn wir gegen diese Angreifer des Verstandes ankämpfen.

Das Ich ist der Projektor der besagten mentalen Angreifer; wo es Konflikt gibt, existiert weder Ruhe noch Stille.

Wir müssen den Projektor mittels der Selbst-Beobachtung und des Verstehens beseitigen. Untersucht jedes Bild, jede Erinnerung, jeden Gedanken, die euch in den Sinn kommen. Erinnert euch, dass jeder Gedanke zwei Pole hat: positiv und negativ.

Hereinkommen und Hinausgehen sind zwei Aspekte derselben Sache. Das Esszimmer und das Badezimmer, das Hohe und das Niedrige, das Angenehme und das Unangenehme usw., sind immer zwei Pole derselben Sache.

Untersucht die beiden Pole jeder mentalen Form, die den Verstand erreichen. Erinnert euch, dass man nur durch das Studium der Polaritäten die Synthese erreicht.

Jede mentale Form kann durch die Synthese beseitigt werden.

Beispiel: Es greift uns eine Erinnerung an eine Geliebte an. Ist sie schön? Bedenken wir, dass die Schönheit das Gegenteil der Hässlichkeit ist, und wenn sie in ihrer Jugend schön war, so wird sie im Alter doch hässlich sein.

Synthese: Es lohnt sich nicht, an sie zu denken, sie ist eine Illusion, eine Blume, die unweigerlich verwelkt. In Indien wird diese Selbst-Beobachtung und das Studium der Psyche *Pratyahara* genannt. Die Gedanken-Vögel müssen durch den Raum unseres eigenen Verstandes ziehen, einer nach dem anderen, ohne aber irgendeine Spur zu hinterlassen.

Die unendliche, vom *Ich* projizierte Gedankenprozession erschöpft sich am Ende, und dann bleibt der Verstand ruhig und still.

Ein großer selbstverwirklichter Meister sagte: „Nur wenn der Projektor, das heißt, das *Ich*, vollständig abwesend ist, kommt die Stille auf, die kein Produkt des Verstandes ist. Diese Stille ist unerschöpflich, gehört nicht der Zeit an, ist unermesslich; nur dann kommt das auf, was ist."

Diese gesamte Technik lässt sich in zwei Prinzipien zusammenfassen:

a) tiefe Reflexion

b) gewaltige Gelassenheit

Diese Technik der Meditation mit ihrem Nichtdenken aktiviert den zentraleren Teil des Verstandes, den, der die Ekstase produziert.

Erinnert Euch, dass der zentrale Teil des Verstandes jener ist, der sich Buddhata, Essenz, Bewusstsein nennt. Wenn das Buddhata erwacht, werden wir erleuchtet. Wir brauchen das Aufwachen des Buddhata, des Bewusstseins.

Der gnostische Schüler kann die Meditation praktizieren, indem er sich in westlichem oder östlichem Stil hinsetzt. Es ist ratsam, mit geschlossenen Augen zu praktizieren, um die Ablenkungen durch die äußere Welt zu vermeiden.

Es ist angebracht, den Körper zu entspannen, indem man sorgfältig vermeidet, dass irgendein Muskel verspannt bleibt. Das Buddhata, die Essenz, ist das psychische Material, das innere buddhistische Prinzip, das seelische Material oder der Urstoff, mit dem wir der Seele Gestalt geben.

Das Buddhata ist das Beste, was wir in uns haben, und es erwacht mit der tiefen, inneren Meditation.

Das Buddhata ist wirklich das einzige Element, welches das arme intellektuelle Tier besitzt, um das zu erfahren, was wir Wahrheit nennen. Das intellektuelle Tier kann das Sein nicht inkarnieren, weil es die höheren existenziellen Körper nicht besitzt. Das Einzige, was es tun kann, ist, die Meditation zu praktizieren, um das Buddhata selbstzuerwecken und die Wahrheit zu erkennen.

Die mechanische Assoziation

Isan sandte Meister Koysen einen Spiegel. Koysen zeigte ihn seinen Mönchen und sprach: „Ist das Isans Spiegel oder meiner? Wenn ihr sagt, er gehöre Isan, wie kann es dann sein, dass er sich in meinen Händen befindet? Wenn ihr sagt, dass es der meine ist – habe ich ihn etwa nicht aus den Händen Isans erhalten? Sprecht, sprecht oder ich zerschlage ihn in Stücke.“

Die Mönche konnten diese zwei Gegensätze nicht überwinden und der Meister brach den Spiegel in Stücke. Die Ekstase ist unmöglich, solange die Essenz zwischen diesen Gegensätzen eingekapselt ist.

Zu Zeiten Babyloniens kam der Bodhisattwa des heiligsten Ashiata-Shiemash, ein großer Avatar, zur Welt. Der Bodhisattwa war nicht gefallen und wie jeder Bodhisattwa hatte er die höheren existenziellen Körper des Seins normal entwickelt. Als er das verantwortungsvolle Alter erreichte, stieg er auf den Berg Veziniana und begab sich in eine Höhle. Die Tradition erzählt, dass er drei gewaltige Fastenzeiten von je 40 Tagen durchführte, begleitet von absichtlichem und freiwilligem Leiden.

Das erste Fasten widmete er dem Gebet und der Meditation. Das zweite Fasten wurde der Überprüfung seines ganzen jetzigen Lebens und der vergangenen Leben gewidmet.

Das dritte Fasten war definitiv, es war der Aufgabe gewidmet, den mechanischen Assoziationen des Verstandes ein Ende zu bereiten. Er aß nicht, trank nur Wasser und alle halbe Stunde riss er sich zwei Haare aus der Brust.

Es existieren zwei Arten mechanischer Assoziationen, welche die Basis für die Gegensätze bilden:

a) mechanische Assoziationen durch Ideen, Worte, Sätze usw.

b) mechanische Assoziationen durch Bilder, Formen, Dinge, Personen usw.

Eine Idee verbindet sich mit der anderen, ein Wort mit dem anderen, ein Satz mit dem anderen und es entsteht der Kampf der Gegensätze.

Man assoziiert eine Person mit der anderen. Die Erinnerung an jemanden kommt in den Sinn. Ein Bild verbindet sich mit dem anderen, eine Form mit der anderen und der Kampf der Verbindungen geht weiter.

Indem er das Unsagbare durchlitt und 120 Tage fastete, sich fürchterlich quälte, erreicht der Bodhisattwa des Avatara Ashiata-Shiemash, eingetaucht in tiefe innere Meditation, die Loslösung von der mentalen Mechanik und sein Verstand blieb feierlich ruhig und in eindrucksvoller Stille.

Das Ergebnis war die Ekstase mit der Inkarnation seines wirklichen Seins. Ashiata-Shiemash vollbrachte in ganz Asien ein großes Werk, indem er Klöster gründete und überall Herrscher mit erwachtem Bewusstsein einsetzte. Dieser Bodhisattwa konnte während der Meditation sein wirkliches Sein inkarnieren, weil er die höheren existenziellen Körper des Seins besaß.

Diejenigen, welche die höheren existenziellen Körper des Seins nicht besitzen, können nicht erreichen, dass die Göttlichkeit oder das Sein in ihnen operiert oder sich inkarniert, aber sie können die Essenz befreien, damit sie sich mit dem Sein verbindet und an seiner Ekstase teilnimmt.

Im Zustand der Ekstase können wir die Mysterien des Lebens und des Todes studieren. Man muss das Ritual des Lebens und des Todes studieren, während der Offiziant – der Intimus, das Sein – kommt.

Nur in Abwesenheit des Ichs kann man das Glück des Seins erfahren. Nur in Abwesenheit des Ichs kommt die Ekstase.

Wenn man die Auflösung der mentalen Mechanik erreicht, kommt das, was die Orientalen das *Zerplatzen des Beutels*, den *Einbruch der Leere* nennen. Dann gibt es einen Schrei der Freude, weil die Essenz, das Buddhata aus der Schlacht der Gegensätze entkam und an der Gemeinschaft der Heiligen teilnimmt.

Die Herrschaft über den Verstand

Es ist klar, dass wir uns nach und nach immer mehr von unserem Verstand befreien müssen. Der Verstand ist ein Verlies, ein Kerker, in dem wir alle gefangen sind. Wir müssen aus diesem Gefängnis entfliehen, wenn wir wirklich wissen wollen, was die Freiheit ist, diese Freiheit, die nicht der Zeit angehört, diese Freiheit, die nicht dem Verstand angehört.

Vor allem müssen wir den Verstand als etwas betrachten, das nicht dem Sein angehört. Die Leute, die unglücklicherweise sehr mit dem Verstand identifiziert sind, sagen: „Ich denke gerade!“, und sie fühlen sich als Verstand.

Es gibt Schulen, die sich damit beschäftigen, den Verstand zu stärken. Sie geben Fernkurse, sie lehren, wie man die mentale Kraft entwickeln kann usw., aber all das ist absurd. Es ist nicht angebracht, die Gitterstäbe des Gefängnisses, in dem wir stecken, zu verstärken, sondern wir müssen diese Gitterstäbe zerstören, um die wirkliche Freiheit kennenzulernen, die, wie ich gesagt habe, nicht der Zeit angehört. Solange wir uns im Gefängnis des Intellekts befinden, werden wir nicht in der Lage sein, die wirkliche Freiheit zu erleben.

Der Verstand an sich ist ein sehr schmerzliches Gefängnis, niemand ist jemals mit dem Verstand glücklich gewesen. Bis heute weiß man von keinem einzigen Menschen, der mit dem Verstand glücklich gewesen wäre. Der Verstand macht alle Kreaturen elend, er macht sie unglücklich. Die glücklichsten Momente, die wir alle im Leben gehabt haben, erlebten wir immer in Abwesenheit des Verstandes; es waren nur Augenblicke, ja, aber in unserem ganzen Leben werden wir sie nicht vergessen. In jener Sekunde wussten wir, was Glücklichsein bedeutet, aber nur für eine Sekunde. Der Verstand weiß nicht, was Glücklichsein ist. Er ist ein Gefängnis!

Wir müssen lernen den Verstand zu beherrschen, nicht den der anderen, sondern den eigenen, wenn wir uns von ihm unabhängig machen wollen. Es ist unerlässlich, zu lernen den Verstand als etwas zu betrachten, was wir beherrschen müssen, oder sagen wir, als etwas, das wir zähmen müssen. Erinnern wir uns an den göttlichen Meister Jesus, als er auf seinem Esel in Jerusalem am Palmsonntag einzog. Dieser Esel ist der Verstand, den wir unterwerfen müssen. Wir müssen auf dem Esel reiten, nicht er auf uns. Unglücklicherweise sind die Leute Opfer des Verstandes, weil sie nicht wissen, wie man den Esel reitet. Der Verstand ist ein übermäßig tölpelhafter Esel, den man beherrschen muss, wenn man wirklich auf ihm reiten will.

Während der Meditation müssen wir mit dem Verstand sprechen. Wenn irgendein Zweifel vorüberzieht, müssen wir den Zweifel sezieren. Wenn ein Zweifel wirklich studiert worden ist, wenn die Sezierung stattgefunden hat, bleibt keine einzige Spur davon in unserem Gedächtnis, er verschwindet. Wenn aber ein Zweifel fortdauert, wenn wir ihn unaufhörlich bekämpfen wollen, dann bildet sich ein Konflikt. Jeder Zweifel ist ein Hindernis für die Meditation.

Aber nicht, indem wir die Zweifel zurückweisen, werden wir sie beseitigen, sondern dadurch, dass wir sie sezieren, um zu sehen, was sie an Wirklichem verstecken.

Jeglicher Zweifel, der im Verstand fortdauert, wird zu einem Hindernis in der Meditation. Also muss der Zweifel analysiert, gevierteilt, zu Staub reduziert werden, nicht indem man ihn bekämpft, sondern indem man ihn mit dem Skalpell der Selbstkritik öffnet, indem man ihn einer rigorosen und unerbittlichen Sezierung unterzieht. Nur so werden wir herausfinden, was an Wichtigem im Zweifel steckte, was sich im Zweifel an Realem und Irrealem befand.

So dienen Zweifel manchmal dazu, Konzepte zu klären. Wenn jemand einen Zweifel mittels einer rigorosen Analyse beseitigt, wenn er die Sezierung macht, erfährt er so manche Wahrheit; aus dieser Wahrheit kommt Tieferes, mehr Wissen, mehr Weisheit.

Die Weisheit entwickelt sich auf der Basis des direkten Experimentierens, des eigenen Experimentierens, auf der Basis der tiefen Meditation. Manchmal müssen wir, ich wiederhole, mit dem Verstand sprechen, weil oftmals, wenn wir wünschen, dass der Verstand ruhig sei, wenn wir uns wünschen, dass der Verstand sich in Stille befinde, beharrt er auf seiner Dummheit, auf seinem unnützen Geplapper, auf dem Kampf der Antithesen. Dann ist es notwendig, den Verstand zu verhören, ihn zu fragen: »Nun, was willst Du, Verstand? Gut antworte also!«

Wenn die Meditation tief ist, kann in uns irgendeine Vorstellung aufkommen; in dieser Vorstellung, in dieser Figur, in diesem Bild, befindet sich die Antwort. Wir müssen dann zum Verstand sprechen, und ihm die Realität der Dinge sichtbar werden lassen, bis er einsieht, dass seine Antwort falsch ist; ihm begreiflich machen, dass seine Sorgen unnütz sind und warum sie unnütz sind.

Und am Ende bleibt der Verstand ruhig, in Stille. Wenn wir jedoch bemerken, dass die Erleuchtung dennoch nicht aufkommt, dass der chaotische Zustand immer noch in uns vorhanden ist, das zusammenhanglose Durcheinander mit seinem Kampf und dem dauernden Geschwätz, dann müssen wir von Neuem den Verstand zur Ordnung auffordern, ihn verhören: »Was willst du eigentlich? Was suchst du überhaupt? Warum lässt du mich nicht in Ruhe?«

Man muss sich klar äußern, und mit dem Verstand sprechen, als sei er ein fremdes Subjekt, weil er in der Tat ein fremdes Subjekt ist, weil er nicht dem Sein angehört. Man muss ihn behandeln, als sei er ein fremdes Subjekt, man muss ihm Vorwürfe machen und ihn ausschelten.

Die Schüler des fortgeschrittenen Zen pflegen das Judo, jedoch ihr psychologisches Judo ist von den Touristen, die in Japan ankommen, nicht verstanden worden. Die Mönche beispielsweise Judo praktizieren zu sehen, wie einer mit dem anderen kämpft, würde wie eine bloße körperliche Übung anmuten, ist es aber nicht. Wenn sie Judo praktizieren, schenken sie dem Körper in Wahrheit fast keine Aufmerksamkeit, ihr Kampf zielt in Wirklichkeit darauf ab, den eigenen Verstand zu beherrschen. Der Kampf des Judo richtet sich gegen den Verstand, so hat das psychologische Judo zum Ziel, über dem Verstand zu stehen, ihn wissenschaftlich zu betrachten, technisch, mit der Absicht ihn zu unterwerfen.

Unglücklicherweise sehen die Menschen des Westens das Äußere vom Judo, natürlich, wie immer, oberflächlich und dumm begriffen sie das Judo als Selbstverteidigung und vergaßen die Prinzipien des Zen und des Chang, und dies ist wirklich beklagenswert. Etwas sehr ähnliches ist mit dem Tarot passiert.

Man weiß, dass im Tarot die gesamte ewige Weisheit steckt, man weiß, dass im Tarot alle kosmischen Gesetze und alle Naturgesetze enthalten sind. Zum Beispiel, ein Individuum, das gegen die sexuelle Magie spricht, spricht gegen das IX Arkanum im Tarot, deshalb lädt er ein fürchterliches Karma auf sich. Ein Individuum, das zugunsten des Evolutionsdogmas spricht, verletzt das Gesetz des X Arkanum im Tarot usw.

Das Tarot ist der *Maßstab* für alle. Wie ich in meinem Buch *„Das Mysterium des goldenen Blühens"* sagte, sind die Autoren frei zu schreiben, was sie wollen, aber sie dürfen nicht den Maßstab vergessen, welcher das Tarot ist, das Goldene Buch, wenn sie nicht die kosmischen Gesetze verletzen und unter die Katanz fallen wollen, welche das höhere Karma ist.

Nach dieser kleinen Abschweifung möchte ich sagen, dass das so heilige, so weise Tarot sowohl in das Pokerspiel als auch in verschiedene Kartenspiele umgewandelt wurde, um die Leute zu amüsieren. Die Leute haben ihre Gesetze, ihre Prinzipien vergessen. Die heiligen Bäder der alten Tempel, der Mysterientempel, sind heute Schwimmbecken für Badelustige.

Die Kunst des Stierkampfes, die tiefe Wissenschaft, die taurische Wissenschaft der alten Neptunmysterien aus Atlantis, hat ihre Prinzipien verloren, und ist heute zum vulgären Stierzirkus geworden. Es ist also nicht verwunderlich, dass der Judo Zen Chang, der genau darauf abzielt, den eigenen Verstand während jeder Bewegung zu unterwerfen, sich degeneriert hat, seine Prinzipien in der westlichen Welt verloren und sich in etwas rein Profanes verwandelt hat, das man heute nur zur Selbstverteidigung benutzt.

Betrachten wir den psychologischen Aspekt des Judo. Im psychologischen Judo, das die Revolution der Dialektik lehrt, ist es notwendig, den

Verstand zu beherrschen, wird es gefordert, dass der Verstand zu gehorchen lernt, es wird verlangt, dass man ihm schwere Vorwürfe macht, damit er gehorcht. Dies hat Krishnamurti nicht gelehrt, genauso wenig hat es der Zen und der Chang gelehrt. Das, was ich lehre, gehört dem zweiten Juwel des gelben Drachens an, dem zweiten Juwel der Weisheit. Innerhalb des ersten Juwels können wir den Zen miteinschließen, aber das zweite Juwel erklärt der Zen nicht, obwohl er die Einführung durch sein psychologisches Judo hat.

Das zweite Juwel bezieht die Disziplin des Verstandes mit ein, indem man ihn beherrscht, ihn peitscht, ihn schilt. Der Verstand ist ein unerträglicher Esel, den man zähmen muss. Daher müssen wir während der Meditation mit vielen Faktoren rechnen, wenn wir zur Ruhe und Stille des Verstandes gelangen wollen. Wir müssen die Unordnung studieren, denn nur so können wir die Ordnung herstellen. Man muss wissen, was in uns an Achtsamem, und was in uns an Unachtsamem existiert.

Immer wenn wir uns in Meditation begeben, teilt sich unser Verstand in zwei Teile: in einen Teil, der aufmerksam ist, und einen Teil, der nicht aufmerksam ist. Es ist nicht der Teil, der aufmerksam ist, auf den wir unsere Aufmerksamkeit richten müssen, sondern genau auf das, was an Unaufmerksamkeit in uns ist. Wenn es uns gelingt, in der Tiefe zu verstehen, was an Unaufmerksamkeit in uns ist und die Verfahren studieren, um das Unaufmerksame in Aufmerksames umzuwandeln, dann werden wir die Ruhe und die Stille des Verstandes erreicht haben. Aber wir müssen in der Meditation klug sein, über uns selbst urteilen, wissen, was an Unaufmerksamkeit in uns ist. Es ist notwendig, sich darüber bewusst zu werden, was an Unaufmerksamkeit in uns existiert.

Wenn ich sage, dass wir den Verstand beherrschen müssen, so hat ihn die Essenz, das Bewusstsein zu beherrschen. Indem wir das Bewusstsein erwecken, haben wir mehr Macht über den Verstand und folglich werden wir uns dessen bewusst, was an Unbewusstem in uns ist.

Es ist notwendig und unaufschiebbar, den Verstand zu beherrschen, mit ihm zu sprechen, indem man ihm Vorwürfe macht, ihn mit der Peitsche des Willens schlägt und ihn gehorsam macht. Diese Didaktik gehört dem zweiten Juwel des gelben Drachens an.

Mein wahres Sein, Samael Aun Weor, war reinkarniert im alten China und ich hieß Chou-Li. Ich wurde eingeweiht in den Orden des gelben Drachens und habe Befehl, die Sieben Juwelen des gelben Drachens an denjenigen weiterzugeben, dessen Bewusstsein erwacht, indem er die Revolution der Dialektik lebt und die integrale Revolution erreicht.

Vor allem dürfen wir uns nicht mit dem Verstand identifizieren, wenn wir wirklich den besten Nutzen aus dem zweiten Juwel ziehen wollen; denn wenn wir uns als Verstand fühlen, wenn ich sage „Ich überlege, ich denke!“ dann bestätige ich einen Unsinn und bin nicht mit der Doktrin des gelben Drachens einverstanden, da das Sein nicht zu denken braucht, da das Sein nicht zu überlegen braucht. Derjenige, der überlegt, ist der Verstand. Das Sein ist das Sein und der Grund des Seins zu sein, ist das Sein selbst. Es ist, was es ist, was es immer war und was es immer sein wird. Das Sein ist das Leben, das in jedem Atom, wie auch in jeder Sonne pulsiert. Das, was denkt, ist nicht das Sein. Wer überlegt, ist nicht das Sein. Wir haben nicht das ganze Sein inkarniert, aber wir haben einen Teil des Seins inkarniert und das ist die Essenz oder Buddhata, das, was an Seele in uns ist, das Seelische, das psychische Material. Es ist notwendig, dass diese lebendige Essenz sich dem Verstand gegenüber durchsetzt.

Was in uns analysiert, sind die Ichs, denn die Ichs sind nichts als Formen des Verstandes, Mentalformen, die man zerstören und zu kosmischem Staub reduzieren muss.

Betrachten wir nun etwas ganz Besonderes. Es könnte der Fall sein, dass jemand die Ichs auflöst, sie beseitigt. Es könnte auch sein, dass dieser Jemand nicht nur die Ichs vernichtet, sondern darüber hinaus sich einen Mentalkörper formt. Offensichtlich erlangt er intellektuelle Individualität, er muss sich jedoch vom Mentalkörper selbst befreien, denn der Mentalkörper, so vollkommen er auch sein möge, überlegt auch, denkt auch und die höchste Form des Denkens ist nicht denken. Während man denkt, befindet man sich nicht in der höchsten Form des Denkens.

Das Sein braucht nicht zu denken. Es ist das, was immer war und immer sein wird. Also, die Synthese ist, man muss den Verstand unterwerfen und verhören. Wir brauchen nicht den Verstand anderer Leute zu unterwerfen, denn das ist schwarze Magie. Man braucht den Verstand von keinem Menschen zu beherrschen, denn das ist Hexerei der schlimmsten Art. Was wir brauchen, ist, unseren eigenen Verstand zu unterwerfen und zu beherrschen.

Während der Meditation, ich wiederhole, gibt es zwei Teile, jener, der aufmerksam ist und jener, der unaufmerksam ist. Es ist notwendig, dass wir uns dessen bewusst werden, was unaufmerksam in uns ist. Wenn wir uns das bewusst machen, können wir sichtbar werden lassen, dass die Unaufmerksamkeit viele Faktoren hat: Zweifel, es gibt viele Zweifel, es sind der Zweifel viele, die im menschlichen Verstand existieren. Woher kommen diese Zweifel? Nehmen wir zum Beispiel den Atheismus, den Materialismus, den Mystizismus, wenn wir sie zerlegen, so sehen wir, dass viele Formen von Skeptizismus, viele Formen von Atheismus und viele Formen von Materialismus existieren.

Es gibt Menschen, die sich atheistische Materialisten nennen, und trotzdem fürchten sie zum Beispiel die Zauberei und die Hexerei. Sie respektieren die Natur, sie wissen Gott in der Natur zu sehen, aber auf ihre Weise. Wenn wir mit ihnen über spirituelle oder religiöse Themen sprechen, bezeichnen sie sich als materialistische Atheisten; ihr Atheismus ist lediglich unentwickelter Art.

Es gibt eine andere Form von Materialismus und Atheismus: den marxistisch-leninistischen, ungläubig-skeptischen Typ. Im Grunde sucht dieser materialistische Atheist etwas, er will einfach verschwinden, nicht existieren, sich vollständig vernichten, er will nichts über die göttliche Monade wissen, er hasst sie. Wenn er so verfährt, wird er sich offensichtlich auflösen, so wie er es sich wünscht, ganz nach seinem Belieben, er wird aufhören zu existieren, er wird in die Höllenwelten hinabsteigen, zum Schwerkraftzentrum des Planeten. Das ist seine Lust: sich selbst zu zerstören.

Er wird sterben, aber im Grunde existiert er weiter, die Essenz wird sich befreien, sie wird zu neuen Evolutionen zurückkehren und wird durch neue Involutionen gehen, sie wird immer wieder in verschiedene Manifestationszyklen des gleichen Skeptizismus und des gleichen Materialismus verfallen.

Auf lange Zeit zeigt sich das Ergebnis. Welches? Wenn der Tag kommt, an dem sich endgültig alle Türen schließen, wenn die 3.000 Zyklen abgelaufen sind, dann wird diese Essenz in der Monade aufgehen und diese wird dann in den universalen spirituellen Schoß des Lebens eintreten, jedoch ohne Meisterwürde.

Was ist es, was diese Essenz wirklich will? Was ist es, was sie mit ihrem Atheismus sucht? Was ist ihre Sehnsucht? Ihre Sehnsucht ist es, die Meisterwürde zurückzuweisen. Im Grunde ist es das, was sie will und sie schafft es. Sie endet schließlich als ein göttlicher Funke, aber ohne Meisterwürde; sie misst ihr keinen Wert bei.

Die Arten des Skeptizismus sind einige. Es gibt Menschen, die sich römisch-katholisch-apostolisch nennen und trotzdem sind sie in ihren Aussagen auf rohste Weise materialistisch und atheistisch, aber sie gehen Sonntags in die Kirche, gehen zur Kommunion und beichten; dies ist eine andere Art des Skeptizismus.

Wenn wir alle nur möglichen Formen des Skeptizismus und Materialismus analysieren, werden wir entdecken, dass es weder einen einzigen Skeptizismus noch einen einzigen Materialismus gibt. Die Realität ist, dass es Millionen Formen des Skeptizismus und Materialismus gibt. Millionen deshalb, weil sie mentaler Natur sind, Dinge des Verstandes. Das heißt, der Skeptizismus und der Materialismus gehören dem Verstand an und nicht dem Sein.

Wenn irgendjemand über den Verstand hinausgegangen ist, ist er sich der Wahrheit, die nicht der Zeit angehört, bewusst geworden. Offensichtlich kann er dann weder Atheist noch Materialist sein.

Derjenige, der einmal das Wort gehört hat, befindet sich jenseits der Zeit, jenseits des Verstandes. Der Atheismus gehört dem Verstand an, der wie ein Fächer ist; es gibt so viele und so verschiedene Arten von Materialismus und Atheismus, dass sie einem großen Fächer ähneln. Was es an Wirklichem gibt, befindet sich jenseits des Verstandes.

Der Atheist und der Materialist sind Ignoranten, sie haben niemals das Wort vernommen, nie haben sie das göttliche Wort kennengelernt, nie sind sie in den Fluss des Klanges eingetreten.

Im Verstand entstehen Atheismus und Materialismus. Diese sind Mentalformen, illusorische Formen, die keine Realität haben. Das, was wirklich real ist, gehört nicht dem Verstand an, das was real ist, liegt jenseits des Verstandes.

Uns vom Verstand unabhängig zu machen, ist wichtig, um das Reale kennenzulernen, nicht um es intellektuell kennenzulernen, sondern, um es wirklich und real zu erfahren.

Wenn wir unsere Aufmerksamkeit auf all jenes richten, was unaufmerksam ist, können wir verschiedene Formen von Skeptizismus, Ungläubigkeit, Zweifel usw., sehen; denn sobald man irgendeinen Zweifel gleich welcher Art entdeckt, muss man ihn zerlegen, ihn sezieren, um zu erkennen was er wirklich will. Haben wir ihn einmal vollständig zerlegt, verschwindet der Zweifel ohne irgendeine Spur im Verstand zu hinterlassen, ohne den kleinsten Abdruck im Gedächtnis zu hinterlassen. Wenn wir beobachten, was es in uns an Unaufmerksamkeit gibt, sehen wir auch den Kampf der Antithesen im Verstand. Genau dann müssen wir diese Antithesen zerlegen, um zu sehen, was sie an Wahrem enthalten. Seziert werden müssen auch die Erinnerungen, Gefühle, Wünsche und Sorgen, die wir ignorieren, von denen wir weder wissen, woher sie kommen, noch warum sie kommen.

Wenn wir vernünftigerweise sehen, dass es eine Notwendigkeit gibt, den Verstand zurechtzuweisen, gibt es einen kritischen Punkt, an dem man des Verstandes, der in keinster Weise mehr gehorchen will, müde geworden ist, dann bleibt nichts mehr übrig als ihn zu beschuldigen, streng mit ihm zu sprechen, ihm Auge in Auge gegenüberzutreten, von Angesicht zu Angesicht, wie einem fremden und unpassenden Subjekt.

Man muss ihn mit der Peitsche des Willens schlagen, mit schweren Vorwürfen beschuldigen, bis er gehorsam wird. Man muss viele Male mit dem Verstand sprechen, damit er versteht.

Wenn er nicht versteht, muss man ihn mit Härte zur Ordnung rufen. Es ist unerlässlich, sich nicht mit dem Verstand zu identifizieren. Man muss den Verstand peitschen, ihn unterjochen; wenn er aufbrausend ist, dann müssen wir ihn wieder peitschen. So erheben wir uns über den Verstand und erreichen die Wahrheit, jenes, was sicherlich nicht der Zeit angehört.

Wenn wir es schaffen, einen Blick in das zu werfen, was nicht der Zeit angehört, können wir einen Faktor erfahren, der radikal verwandelt. Es gibt ein gewisses Verwandlungselement, das nicht der Zeit angehört, das man nur erfahren kann, wenn man sich über den Verstand erhebt. Man muss intensiv kämpfen, bis es gelingt, sich über den Verstand zu erheben, um die innere Selbst-Verwirklichung des Seins zu erlangen.

Immer wieder müssen wir Unabhängigkeit vom Verstand erlangen und in den Fluss des Klanges, in die Welt der Musik eintreten, in die Welt, in der das Wort der Elohim widerhallt, wo sicherlich die Wahrheit regiert.

Was können wir schon von der Wahrheit wissen, solange wir im Verstand eingekapselt sind? Das, was die anderen sagen. Aber was wissen wir? Das Wichtige ist nicht das, was die anderen sagen, sondern was wir selbst erfahren. Unser Problem ist, wie erheben wir uns über den Verstand. Um uns zu emanzipieren brauchen wir Wissen und Weisheit, und diese finden wir in der Gnosis.

Wenn wir glauben, dass der Verstand ruhig ist, wenn wir glauben, dass der Verstand still ist und trotzdem keine göttliche Erfahrung über uns kommt, dann deshalb, weil der Verstand weder ruhig noch still ist. Im Grunde kämpft er weiter. Im Grunde plappert er weiter. Durch die Meditation müssen wir ihm die Stirn bieten, mit ihm sprechen, ihn beschuldigen und ihn fragen, was er will. Ihm sagen: „Verstand! Warum bist du denn nicht ruhig? Warum lässt du mich nicht in Frieden?“ Der Verstand wird irgendeine Antwort geben, und wir erwidern ihm mit anderen Erklärungen, indem wir versuchen, ihn zu überzeugen, und wenn er sich nicht überzeugen lassen will, wird kein anderes Mittel bleiben, als ihn zu unterwerfen, durch die Beschuldigung und die Peitsche des Willens.

Die Beherrschung des Verstandes geht bis weit über die Meditation der Gegensätze hinaus. Dann zum Beispiel, wenn uns ein Gedanke des Hasses überfällt, eine bösartige Erinnerung, hat man dies zu verstehen, und zu versuchen, die Antithese, welche die Liebe ist, zu sehen. Wenn es Liebe gibt, warum dieser Hass? Mit welchem Ziel?

Es taucht zum Beispiel die Erinnerung einer lüsternen Handlung auf. Dann muss man den heiligen Gral und die heilige Lanze in Gedanken an sich vorbeiziehen lassen, und sagen: »Warum entweihe ich das Heilige mit meinen krankhaften Gedanken?«

Wenn die Erinnerung an einen groß gewachsenen Menschen aufkommt, müssen wir ihn klein sehen, denn in der Synthese liegt der Schlüssel. Es ist gut, wenn man es versteht, stets die Synthese zu suchen, weil wir von der These zur Antithese gelangen müssen, die Wahrheit aber befindet sich weder in der Antithese noch in der These. In der Gegenüberstellung von These und Antithese entsteht Diskussion, und das ist genau das, was wir beabsichtigen. Behauptung, Verneinung, Diskussion und Lösung. Behauptung eines schlechten Gedankens, Verneinung desselben durch das Verstehen seines Gegenteils. Diskussion: Man muss darüber diskutieren, was von dem einen oder anderen wahr ist, bis man die Weisheit erlangt und den Verstand ruhig und still lässt. Das ist die Art, wie man üben muss.

All dies ist ein Teil der bewussten Übungen, der Beobachtung dessen, was unaufmerksam ist. Aber wenn wir einfach sagen: Das ist die Erinnerung an eine groß gewachsene Person und demgegenüber stellen wir einfach eine kleine Person, so wäre das nicht in Ordnung. Korrekt wäre es, zu sagen: Groß und klein sind zwei Aspekte derselben Sache; weder groß noch klein ist richtig, sondern das, was an Wahrheit in beiden steckt. Groß und klein sind zwei illusorische Phänomene des Verstandes. Auf diese Art erreichen wir die Synthese und die Lösung.

Das Unaufmerksame in uns ist das, was vom Unterbewusstsein gebildet wird, vom Unzusammenhängenden, von all den Erinnerungen, die im Verstand auftauchen, von den Erinnerungen der Vergangenheit, die immer wieder über uns herfallen, von den Abfällen des Gedächtnisses usw.

Die Elemente, die das Unterbewusstsein bilden, hat man weder zu akzeptieren noch abzulehnen, lediglich hat man sich dessen bewusst zu werden, was unaufmerksam ist. Somit wird das Unaufmerksame auf natürliche und spontane Art aufmerksam.

Man muss aus dem täglichen Leben eine ständige Meditation machen. Meditation heißt nicht nur, den Verstand zur Ruhe zu bringen, wenn wir uns zu Hause oder in einem Lumisial befinden, sondern sie schließt auch den Fluss des täglichen Lebens mit ein, damit das Leben tatsächlich zu einer ständigen Meditation wird. Auf diese Weise zeigt sich die Wahrheit wirklich.

Der Verstand an sich ist das Ego. Aber es ist dringend notwendig, das Ich zu zerstören, damit die mentale Substanz übrig bleibt, mit welcher der Mentalkörper erschaffen werden kann. Aber immer bleibt der Verstand. Wichtig ist, sich vom Verstand zu befreien. Ist man einmal frei von ihm, hat man zu lernen, sich in der Welt des rein Geistigen ohne den Verstand zu bewegen, es zu verstehen, in dieser Flut des Klanges zu leben, der jenseits des Verstandes ist und der nicht der Zeit angehört.

Im Verstand gibt es nur Unwissenheit. Die wirkliche Weisheit befindet sich nicht im Verstand, sondern jenseits des Verstandes. Der Verstand ist unwissend, und aus diesem Grund macht er ständig so viele schwerwiegende Fehler.

Wie dumm sind jene, die für den Verstand Propaganda machen, jene, die mentale Macht versprechen, die andere lehren, den Verstand ihrer Mitmenschen zu beherrschen usw. Der Verstand hat nie irgendjemanden glücklich gemacht. Die wahre Glückseligkeit liegt weit jenseits des Verstandes. Man wird nie die Glückseligkeit kennenlernen können, bis man sich nicht vom Verstand unabhängig macht.

Träume gehören dem Unbewusstsein an. Wenn jemand Bewusstsein erlangt, verlässt er die Träume. Die Träume sind nichts anderes als

Projektionen des Verstandes. Ich erinnere mich an einen gewissen Fall, den ich in den höheren Welten erlebt habe: Es war nur ein kleiner Moment von Unachtsamkeit. Ich sah, wie aus meinem Verstand ein Traum aufstieg. Ich war schon im Begriff, zu träumen, als ich noch im Traum, der für eine Sekunde aus mir entwichen war, reagierte.

Da mir der Prozess bewusst wurde, nahm ich schnell Abstand von dieser versteinerten Form, die aus meinem eigenen Verstand entkommen war. Was wäre geschehen, wenn mein Bewusstsein geschlafen hätte? Ich hätte mich in diese mentale Form verstrickt. Wenn man wach ist, weiß man sofort, dass in einem Moment von Unaufmerksamkeit ein Traum entgleiten kann und man die ganze Nacht darin verstrickt bleibt bis zum Tagesanbruch.

Wichtig ist, das Bewusstsein in uns zu erwecken, um aufzuhören zu träumen, um aufzuhören, zu denken. Dieses Denken, das nichts als kosmische Materie ist, ist der Verstand. Sogar das Astrale selbst ist nichts weiter als die Kristallisierung der mentalen Materie, und auch die physische Welt ist kondensierter Verstand. Also, der Verstand ist Materie und sogar von einer sehr rohen Art, sei es im physischen oder im sogenannten astralen bzw. manasischen Zustand, wie die Hindus ihn nennen.

Wie auch immer, der Verstand ist grob und materiell, sowohl im Astralen als auch im Physischen.

Der Verstand ist physische oder metaphysische Materie, aber immer Materie. Folglich kann er uns nicht glücklich machen. Um die wirkliche Glückseligkeit kennenzulernen, die wahre Weisheit, müssen wir uns über den Verstand erheben und in der Welt des Seins leben, das ist das Entscheidende.

Wir leugnen nicht die Schöpfungskraft des Verstandes. Es ist klar, dass alles, was existiert, kondensierter Verstand ist. Aber was erreichen wir damit? Hat uns der Verstand Glückseligkeit gebracht? Wir können Wunder mit dem Verstand vollbringen und uns viele Dinge im Leben erschaffen. Die großen Erfindungen sind kondensierter Verstand, aber diese Arten von Schöpfungen haben uns nicht glücklich gemacht.

Was müssen unabhängig werden und aus diesem Kerker der Materie ausbrechen, denn der Verstand ist Materie. Wir müssen aus der Materie heraustreten und für das Geistige leben, gleich Wesen, gleich glücklichen Geschöpfen jenseits der Materie. Die Materie macht niemanden glücklich, die Materie ist immer grob, möge sie auch wunderbare Formen annehmen.

Wenn wir die wahre Glückseligkeit suchen, werden wir sie nicht in der Materie finden, sondern im Geistigen. Wir müssen uns vom Verstand befreien. Die wahre Glückseligkeit kommt zu uns, wenn wir den Kerker des Verstandes verlassen. Wir bestreiten nicht, dass der Verstand Schöpfer der Dinge sein kann, Schöpfer von Erfindungen und Wundern, aber bringt uns denn das die Glückseligkeit? Wer von uns ist glücklich?

Wenn der Verstand uns nicht die Glückseligkeit gebracht hat, müssen wir den Verstand verlassen und sie woanders suchen. Es ist offensichtlich, dass wir sie in der Welt des Geistes finden werden. Aber, was wir wissen müssen, ist, wie wir dem Verstand entfliehen können, wie wir uns vom Verstand befreien können; das ist das Ziel unserer Übungen und Studien, die ich in den gnostischen Büchern und in dieser Abhandlung der Revolution der Dialektik gegeben habe.

In uns existieren drei Prozent Bewusstsein und siebenundneunzig Prozent Unterbewusstsein. Was wir an Bewusstem haben, muss sich an das wenden, was an Unbewusstem oder Unterbewusstem in uns ist, um es auszuschelten und ihm zu zeigen, dass es bewusst werden muss. Es ist nötig, dass der bewusste Teil den unterbewussten Teil beschimpft. Dass der bewusste Teil sich an den unterbewussten Teil richtet, ist eine sehr wichtige psychologische Übung, die man bei Sonnenaufgang praktizieren kann; so werden die unbewussten Teile nach und nach bewusst.

Probistmus

Probistmus ist die Wissenschaft, welche die mentalen Essenzen studiert, die die Seele einkerkern. Probistmus ist die Wissenschaft der esoterischen Prüfungen.

Probistmus ist jene innere Weisheit, die uns erlaubt, den Kerker des Verstandes zu studieren.

Probistmus ist die reine Wissenschaft, die uns erlaubt, die Irrtümer des individuellen Verstandes in der Tiefe zu erkennen. Der menschliche Verstand muss sich von Furcht und Verlangen befreien. Der menschliche Verstand muss sich befreien von Raffgier, von Verhaftetsein, von Hass, Egoismus, Gewalt usw.

Der menschliche Verstand muss sich befreien von den Prozessen der Argumentation, die den Verstand im Kampf der Antithesen zerteilen.

Ein Verstand, der durch den deprimierenden Prozess der Wahl geteilt ist, kann dem Intimus nicht als Instrument dienen. Man muss den Prozess der Argumentation ersetzen durch die Schönheit des Verstehens.

Der Prozess der konzeptuellen Wahl teilt den Verstand, und darin wurzeln die verfehlte Handlung und die nutzlose Anstrengung.

Der Wunsch und das Verlangen sind Hindernisse für den Verstand. Diese Hindernisse führen den Menschen zu allen Arten von Irrtümern, deren Ergebnis das Karma ist. Die Furcht lässt im Verstand den Wunsch nach Sicherheit entstehen. Der Wunsch nach Sicherheit macht den Willen zum Sklaven, verwandelt ihn in einen Gefangenen endgültiger Selbst-Hindernisse, in welchen sich alles menschliche Elend verbirgt.

Die Furcht bringt alle Arten von Minderwertigkeitskomplexen mit sich. Die Furcht vor dem Tod bewirkt, dass die Menschen sich rüsten und einer den anderen umbringt. Der Mann, der einen Revolver am Gürtel trägt, ist ein Feigling, ein Angsthase. Der tapfere Mann trägt keine Waffen, da er vor niemandem Furcht hat.

Die Furcht vor dem Leben, die Furcht vor dem Tod, die Furcht vor dem Hunger, die Furcht vor dem Elend, die Furcht vor der Kälte und der Nacktheit, erzeugt alle Arten von Minderwertigkeitskomplexen. Die Furcht führt den Menschen zu Gewalt, zu Hass, zu Ausbeutung usw.

Der Verstand der Menschen wandelt von einem Gefängnis zum anderen und jedes Gefängnis ist eine Schule, eine Religion, ein verfehltes Konzept, ein Vorurteil, ein Wunsch, eine Meinung usw.

Der menschliche Verstand muss lernen, ernsthaft zu fließen, in vollständiger Form, ohne den schmerzhaften Prozess der Argumentation, die ihn im Kampf der Antithesen zerteilt. Der Verstand muss wie ein Kind werden, damit er dem Intimus als Instrument dienen kann. Wir müssen immer in der Gegenwart leben, da das Leben nur ein einziger, ewiger Moment ist.

Wir müssen uns von allen Arten von Vorurteilen und Wünschen befreien. Wir müssen uns einzig nach den Impulsen des Intimus bewegen. Die Habsucht, der Zorn, die Lüsternheit haben ihren Schlupfwinkel im Verstand. Die Habsucht, der Zorn, die Lüsternheit führen die Seelen in das Avitchi.

Der Mensch ist nicht der Verstand. Der Verstand ist nur einer von vier sündhaften Körpern. Wenn der Mensch sich mit dem Verstand identifiziert, fällt er in den Abgrund.

Der Verstand ist nur ein Esel, den wir besteigen müssen, um am Palmsonntag in das himmlische Jerusalem einzuziehen.

Wenn der Verstand uns mit nutzlosen Vorstellungen belagert, sprechen wir folgendermaßen: „Verstand, nimm diese Vorstellungen zurück, ich akzeptiere sie nicht, du bist mein Sklave und ich bin dein Herr!“

Wenn der Verstand uns mit Vorstellungen von Hass, Furcht, Zorn, Verlangen, Habsucht, Lüsternheit, usw. belagert, sprechen wir folgendermaßen: „Verstand, ziehe diese Dinge von mir zurück, ich akzeptiere sie nicht, ich bin dein Gebieter, ich bin dein Herr und du musst mir gehorchen, da du mein Sklave bist bis ans Ende aller Zeiten.“

Nun brauchen wir Menschen mit Thelema, Menschen mit Willen, die sich nicht vom Verstand versklaven lassen.

Kapitel IV

Der Intellekt

Was man studiert, muss durch die spontane Meditation in Bewusstsein umgewandelt werden, andernfalls zerstört man den Intellekt.

Man muss die integrale, ungeteilte Meditation praktizieren, wann immer das innere Verlangen danach besteht. Die Meditation darf nicht mechanisch sein.

Man muss das mathematische Gleichgewicht zwischen dem Sein und dem Wissen erreichen: 20 + 20 = 40; 40 - 20 = 20.

Der Intellektuelle sieht die Dinge nur gemäß seiner Theorien. Es existieren zwei Arten von Intellekt, der allgemein bekannte Sinnes-Intellekt und der Intellekt, der vom Sein gegeben wird und ein bewusster Intellekt ist.

Es gibt Stufen der objektiven Vernunft des Seins und man misst sie nach der Zahl der Dreizacke in den Hörnern Luzifers. Wenn sich der innere Verstand öffnet, ist es nicht notwendig Theorien, Hypothesen und Vorurteile in Worte zu fassen.

Die subjektive Wissenschaft gehört jenen, die im Sinnes-Verstand eingeschlossen sind und innerhalb ihrer Annahmen leben. (Siehe Kap. XII der „Großen Rebellion“ desselben Autors.)

Die reine Wissenschaft ist nur von denen erreichbar, die den inneren Verstand haben, und denen, die sich zwischen Dreiecken, Achtecken und Winkeln entwickeln ...

Die Intelligenz

Man darf die Intelligenz nicht mit dem Verstand verwechseln. In jedem Verstand existiert eine bestimmte Anzahl an Werten der Intelligenz. Wir müssen die Werte der Intelligenz nicht außerhalb von uns selbst suchen, sie sind in uns selbst.

Die Werte der Intelligenz jedes menschlichen Seins ändern sich nicht, noch erschöpfen sie sich.

Die Intelligenzreserve ist konstant. Wenn ein positiver Wert erscheint, wird er in der Tat mit Freude von der Intelligenz aufgenommen.

Wir brauchen eine neue revolutionäre Pädagogik, deren einziges Ziel es ist, uns das bewusst zu machen, was wir schon wissen.

Identifikation, Werte und Bild.

Sich präzise zu identifizieren, sich genaues Bild von sich zu machen und sich präzise zu bewerten ist unaufschiebbar, wenn wir eine Bestandsaufnahme von uns selbst machen wollen.

Erleuchteter Intellekt

Diejenigen, die es erreichen, die Kadaver des Ichs aufzulösen, erlangen den erleuchteten Intellekt. Erleuchteter Intellekt ist der Intellekt, der dem Geist zu Diensten steht. Jesus, der Christus, hatte einen erleuchteten Intellekt, er hat seinen Intellekt in den Dienst des Geistes gestellt.

Der große Fehler der Materialisten besteht genau darin, zu glauben, dass die Realität physische Phänomene braucht, aber ihre *Realität* ist letztendlich die Frucht ihres materialistischen Intellekts und nicht des erleuchteten Intellekts.

Sowohl das Physische als auch das Spirituelle sind Energie, deshalb ist der Geist so real wie die Materie.

Die Materie ist so heilig wie der Geist. Solange der materialistische Intellekt sich nicht durch die Revolution der Dialektik in einen erleuchteten Intellekt verwandelt, wird man nicht verstehen, dass das Materielle und das Spirituelle sich korrelativ und dialektisch verhalten.

Die Zeit

Zeit ist Leben, wer nicht von der Zeit abhängig ist, kontrolliert das Leben. Der Lauf der Existenz erweist sich von allzu kurzer Dauer, um ihn mit Kleinigkeiten verstreichen zu lassen. Die Kürze des Lebens ist Grund genug, uns zu ermutigen, es durch die integrale Revolution zu erhöhen.

Mit der Intelligenz müssen wir die Lebenszeit bis zum Äußersten ausnützen, um sie zu erweitern, anstatt sie durch ungeschickte und schäbige Werke des Ichs zu verkürzen.

Kapitel V

Das Verstehen

In dieser Welt, der Welt des Verstehens, ist alles abstrakt und scheinbar inkohärent. Diese Inkohärenz ergibt sich, wenn man die ersten Schritte in der Welt des Verstehens macht. Der Verstand und das psychologische Universum befinden sich in einem großen Chaos und deshalb gibt es keine Verkettung von Ideen, Gefühlen usw.

In den 49 Niveaus des Unterbewussten befindet sich eine große Anzahl von Archiven voller mächtiger Informationen, bedauerlicherweise jedoch in Unordnung und Anarchie. Wenn man in der Welt des Verstehens arbeitet, tauchen Bilder und Worte in Form von Koans auf. Um die Fehler gut zu verstehen, ist anfangs die Hilfe der Träume vonnöten.

In diesem Akt des Verstehens erreicht man verworrene Niveaus, in denen die Bilder unzusammenhängend sind und wo die Farben keine Klarheit besitzen, d. h., sie haben nicht viel Glanz.

Eines der hauptsächlichen Hindernisse beim Verstehen der Fehler ist die Unfähigkeit, das zu untersuchende psychologische Element festzuhalten, da der Verstand zur Zerstreuung neigt.

Handelt es sich in der Welt des Verstehens um die Arbeit an einem Ich, so wird alles dunkel, man sieht absolut nichts, das Bewusstsein verliert für Augenblicke die Klarheit und verfällt schnell in Faszination. Der Strom der Gedanken und Gefühle ist ein Hindernis für das Verstehen der Fehler.

Sobald wir ein Ich verstehen wollen, fallen wir in eine finstere Leere, in eine Art Amnesie, in welcher wir nicht wissen, was wir tun, wer wir sind und wo wir sind.

Die Kraft des Eros und die schöpferische Energie sind die vollkommensten Helfer für das Verstehen.

Die schöpferische Energie, umgewandelt oder sublimiert während der sexuellen Magie – ohne Ejakulation der Wesenheit des Samens – öffnet die 49 Niveaus des Unterbewusstseins, indem sie aus ihnen alle Ichs, die wir versteckt halten, aufsteigen lässt.

Diese psychischen Aggregate tauchen in Form von Dramen, Komödien, Filmen und mittels Symbolen und Parabeln auf.

Es steht geschrieben, dass der Schlüssel zum Verstehen sich in folgenden drei psychologischen Elementen befindet: Imagination, Inspiration und Intuition.

Vorstellungskraft

Für den Weisen ist Vorstellen Sehen. Die Vorstellungskraft ist das Durchscheinen der Seele. Um die Vorstellungskraft zu erreichen, ist es notwendig zu lernen, den Gedanken nur auf eine Sache zu konzentrieren. Wer es lernt, die Gedanken nur auf eine Sache zu konzentrieren, bewirkt Wunder.

Der Gnostiker, der die Kenntnis der Vorstellungskraft erlangen möchte, muss lernen, sich zu konzentrieren und zu meditieren wissen. Der Gnostiker muss den Traum während der Meditationsübung hervorrufen. Die Meditation muss korrekt sein. Der Verstand muss exakt sein. Es bedarf des logischen Denkens und des exakten Begriffes, damit sich die inneren Sinne absolut vollkommen entwickeln. Der Gnostiker braucht viel Geduld, weil ihn jeglicher Akt der Ungeduld zum Scheitern bringt.

Auf dem Weg der Revolution der Dialektik sind Geduld, Wille und absolut bewusster Glaube notwendig. An irgendeinem Tag, unter Träumen, taucht während der Meditation ein fernes Bild, eine Landschaft, ein Gesicht, eine Zahl, ein Symbol usw., auf. Dies ist das Zeichen, dass wir Fortschritte machen. Der Gnostiker erhebt sich allmählich zur Kenntnis der Vorstellungskraft. Er zerreißt nach und nach den Schleier der Isis.

Wer das Bewusstsein erweckt, hat die Kenntnis der Vorstellungskraft erreicht und bewegt sich in einer Welt der symbolischen Bilder. Die Symbole, die er im Traume sah, als er das Ego während der Meditation zu verstehen suchte, sieht er nun, ohne zu träumen. Zuerst sah er diese bei schlafendem Bewusstsein, jetzt bewegt er sich unter diesen mit wachem Bewusstsein, obwohl sein Körper fest schläft.

Inspiration

Beim Erlangen der Kenntnis der Vorstellungskraft, sieht der Gnostiker die Symbole, aber er versteht sie nicht. Ihm wird offenbar, dass die ganze Natur und das Ego eine lebendige Schrift sind, die er nicht kennt.

Er muss sich dann zur inspirierten Erkenntnis erheben, um die heiligen Symbole der Natur und die abstrakte Sprache des Egos zu interpretieren. Die inspirierte Erkenntnis verleiht uns die Kraft, die Symbole der Natur und die verworrene Sprache des Egos zu interpretieren. Die Auslegung der Symbole ist sehr heikel. Die Symbole müssen sachlich analysiert werden, ohne Aberglaube, Bosheit, Misstrauen, Stolz, Eitelkeit, Fanatismus, Vorurteile, Vorbehalt, Hass, Eifersucht, Habgier, Neid usw., denn all dies sind Faktoren des Ichs.

Wenn das Ich in die Übersetzung und Interpretation der Symbole eingreift, dann verfälscht es die Bedeutung der geheimen Schrift und die Orientierung, welche das Sein uns symbolisch hinsichtlich unseres inneren psychologischen Zustandes geben möchte.

Die Interpretation hat fürchterlich analytisch, höchst wissenschaftlich und von Grund auf mystisch zu sein. Man muss in Abwesenheit der losgelösten Kathexis – des Egos – des Selbst – lernen zu sehen und zu interpretieren.

Man muss in der Lage sein, die Symbole der Natur und die der gebundenen Kathexis, des Seins, zu interpretieren, in völliger Abwesenheit des Ichs. Hingegen soll die Selbstkritik intensiviert werden, denn wenn das Ich des Gnostikers glaubt, viel zu wissen, dann fühlt er sich selbst unfehlbar und weise, und zuletzt glaubt er, in Abwesenheit des Ichs zu sehen und zu interpretieren.

Um interpretieren zu können, müssen wir uns auf das Gesetz der philosophischen Analogien, das Gesetz der Zusammenhänge und der numerischen Kabbala berufen. Wir empfehlen die „Mystische Kabbala“ von Dion Fortune und mein Buch mit dem Titel „Tarot und Kabbala“. Studiert sie!

Derjenige, der hasst, Groll, Eifersucht, Neid, Stolz usw. empfindet, wird nicht in der Lage sein, zur inspirierten Erkenntnis emporzusteigen. Wenn wir uns zur inspirierten Erkenntnis emporheben, verstehen wir, dass die zufällige Anhäufung von Objekten nicht existiert. In Wirklichkeit sind alle psychologischen Phänomene der Natur und aller Objekte aufs engste Miteinander organisch verbunden, innerlich voneinander abhängig und beeinflussen sich gegenseitig in ständigem Wechsel. Wahrlich, kein psychologisches Phänomen der Natur kann vollständig verstanden werden, wenn wir es isoliert betrachten.

Alles ist in unablässiger Bewegung, alles verändert sich, nichts bleibt ruhig. In allen Objekten existiert der innere Kampf. Das Objekt ist gleichzeitig positiv und negativ. Quantität verwandelt sich in Qualität.

Die inspirierte Erkenntnis erlaubt uns, die Wechselbeziehung zwischen dem was gewesen, was ist und was sein wird, zu erkennen. Die Materie ist nichts weiter als verdichtete Energie. Die unendlichen Veränderungen der Energie sind sowohl dem historischen als auch dem dialektischen Materialismus völlig unbekannt.

Energie ist gleich Masse mal Lichtgeschwindigkeit zum Quadrat. Wir, die Gnostiker, nehmen Abstand vom antithetischen Kampf, der zwischen der Metaphysik und dem dialektischen Materialismus besteht. Beides sind Pole der Ignoranz, die beiden Antithesen des Irrtums.

Wir gehen einen anderen Weg, wir sind Gnostiker, wir sehen das Leben als ein Ganzes. Das Objekt ist ein Punkt im Raum, der als Träger bestimmter Summen von Werten dient. Die inspirierte Erkenntnis erlaubt uns, die intime Beziehung zu studieren, die zwischen allen Formen, den psychologischen Werten und der Natur existiert.

Der dialektische Materialismus kennt die Werte nicht, er studiert nur das Objekt. Die Metaphysik kennt weder Werte noch das Objekt. Wir, die Gnostiker, nehmen Abstand von beiden Antithesen der Ignoranz und studieren ganzheitlich den Menschen und die Natur auf der Suche nach der integralen Revolution.

Der Gnostiker, der die inspirierte Erkenntnis erreichen möchte, muss sich sehr tief auf die Musik konzentrieren. „*Die Zauberflöte*" von Mozart, die uns an eine ägyptische Einweihung erinnert, „*Die Neun Symphonien*" von Beethoven und viele andere große klassische Kompositionen, unter ihnen „*Parsifal*" von Richard Wagner, werden uns zur inspirierten Erkenntnis emporheben.

Der Gnostiker, der sich tief auf die Musik konzentriert, muss ganz in sie eintauchen, gleichwie die Biene in den Honig, das Produkt ihrer ganzen Arbeit. Wenn der Gnostiker zur inspirierten Erkenntnis gelangt ist, muss er sich auf die intuitive Erkenntnis vorbereiten.

Intuition

Die Welt der Intuitionen ist die Welt der Mathematik. Der Gnostiker, der nach der Welt der Intuition strebt, muss Mathematiker sein, oder wenigstens eine Ahnung von Arithmetik haben.

Die mathematischen Formeln verleihen die intuitive Erkenntnis. Die Formeln von Kepler und Newton können dazu dienen, uns in der Entwicklung der intuitiven Erkenntnis zu üben. Wenn der Gnostiker mit Zähigkeit und höchster Geduld übt, wird ihn sein eigenes inneres Sein, die gebundene Kathexis, lehren und ihn im großen Werk anweisen; dann wird er zu Füßen des Meisters lernen und zur intuitiven Erkenntnis gelangen.

Imagination, Inspiration und Intuition sind die drei obligatorischen Schritte der Revolution der Dialektik. Derjenige, der den drei Schritten der unmittelbaren Kenntnis gefolgt ist, hat das Überbewusstsein erreicht.

In der Welt der Intuition finden wir nichts als Allwissenheit. Die Welt der Intuition ist die Welt des Seins, sie ist die Welt des Intimus. In diese Welt kann das Ich, das Ego, die losgelöste Kathexis nicht eindringen. Die Welt der Intuition ist die Welt des universellen Lebensgeistes.

Die menschlichen Probleme

Der luziferische Intellekt, schlau und widerwärtig, schafft Probleme, aber er ist nicht fähig, sie zu lösen. Es existieren eine Menge Theorien, die nichts lösen, sondern alles verkomplizieren. Die lebenswichtigen Probleme der Existenz sind, wie immer, die gleichen und die Welt steht nahe vor einem dritten Weltkrieg.

Das intellektuelle Tier, fälschlicherweise Mensch genannt, ist sehr stolz auf seine subjektiven und miserablen Gedankengänge, die nichts lösen und alles kompliziert machen.

Der fürchterliche Kampf der Gedanken hat in der Praxis gezeigt, dass gerade er am wenigsten geeignet ist, um Probleme zu lösen. In diesem Zeitalter weltweiter Krise sind die *Besserwisser*, die alles lösen wollen und dennoch nichts erreichen, im Überfluss vorhanden.

Die *Besserwisser* schaden den Früchten der Erde mit ihren absurden Veredelungen, infizieren die Kinder mit ihren Tuberkulose-, Poliomyelitis-, Typhusimpfungen usw.

Die *Besserwisser* wissen alles und wissen dennoch nichts; sie richten Schaden an, mit allem, was sie erschaffen haben und geben vor, wissend zu sein. Der Verstand schafft Probleme, die er zu lösen nicht in der Lage ist – ein geschmackloses Spiel.

Heute wie gestern ist der arme menschliche Zweibeiner, der arme elende Affe, nichts anderes als ein mechanisches Spielzeug, bewegt von Kräften, die er nicht kennt. Jedes kosmische Ereignis, jede Katastrophe in der Welt der Gestirne erzeugt Wellen bestimmter Art, die sich in Weltkriegen entladen, hat das unglückliche Tier, Mensch genannt, sie einmal empfangen. Millionen von menschlichen Maschinen werden unbewusst in die stupide Aufgabe gestürzt, andere Millionen menschlicher Maschinen zu zerstören.

Die Komik und die Tragik gehen immer Seite an Seite, und das Komische in diesem Falle sind die Flaggen und Sprüche und jegliche Art von Parolen, ausgedacht von all diesen unbewussten Maschinen. Sie behaupten, sie gingen in den Krieg, um die Demokratie, die Freiheit, das Vaterland usw., zu verteidigen.

Die großen Denker, die Prostituierten der Intelligenz, in der Welt als Journalisten bekannt, wissen nicht, dass diese Kriege das Resultat gewisser in Aktion befindlicher kosmischer Wellen sind, und dass sich die Heere auf dem Schlachtfeld gleich automatischer Puppen unter einem dynamischen Impuls dieser unbekannten Kräfte bewegen. Kein fundamentales Problem ist je durch das Denken dieser armen intellektuellen Tiere gelöst worden. Der Intellekt ist die Fähigkeit, die uns erlaubt, zu verstehen, dass alles unverständlich ist.

Die großen Intellektuellen haben völlig versagt, wie es der katastrophale Zustand unsere Gesellschaft, in dem wir uns befinden, beweist! Intellektuelle Herrschaften, das ist Eure Welt, die chaotische und miserable Welt, die Ihr mit Euren Theorien erschaffen habt! Die Tatsachen sprechen für sich: Ihr stolzen Intellektuellen seid gescheitert. Der Kampf der Gedanken ist in seiner ureigensten Natur Egozentrik. Wir benötigen eine neue Fähigkeit, die nicht egozentrisch ist.

Es ist notwendig, dass die Schlacht vorübergeht, und dass die Gedanken ruhig und klar bleiben, das ist nur möglich, indem man von Grund auf den ganzen Mechanismus der subjektiven und elenden Vernunft versteht.

In der Gelassenheit der Gedanken wird in uns eine neue Fähigkeit geboren, der Name dieser Fähigkeit ist Intuition. Nur die Intuition kann Probleme lösen.

Es liegt auf der Hand, dass wir, wenn wir diese neue Fähigkeit entwickeln wollen, wir zuerst zutiefst diesen komplizierten Assoziationsmechanismus der subjektiven Vernunft verstehen müssen. Das Hauptzentrum des Denkmechanismus ist das psychologische Ich. Dieses Zentrum ist egoistisch und kann deshalb niemals Probleme lösen.

Die Intuition hat nichts mit dem Hauptzentrum des Gedankenvorganges zu tun. Die Intuition ist Christuszentriert.

Jedes Problem ist vom Verstand erschaffen worden und existiert, solange er es aufrecht hält. Jedes Problem ist eine mentale Form, die der Verstand aufrechterhält. Jede mentale Form durchläuft einen dreifachen Prozess: Aufkommen, Fortbestehen und Auflösung.

Jedes Problem erscheint, besteht fort und löst sich später auf. Das Problem erscheint, weil der Verstand es erschafft, es besteht fort, solange der Verstand es nicht vergisst und es verschwindet, oder löst sich auf, wenn der Verstand es vergisst.

Wenn die Gedanken aufhören, wird in uns die Glückseligkeit geboren und anschließend die Erleuchtung. Bevor wir die Erleuchtung erreichen, müssen wir die Glückseligkeit durchschreiten. Dies sind die drei Phasen der Umwandlung: Nichtdenken, Glückseligkeit, Erleuchtung. Die Intuition ist Erleuchtung. Jeder Erleuchtete löst auch das größte Problem.

Wahrlich, das Problem hört auf, zu existieren, sobald wir es vergessen. Wir müssen nicht versuchen, Probleme zu lösen, sondern wir müssen sie auflösen. Sie sind aufgelöst, wenn sie vergessen sind. Das Problem ist eine übersinnliche geistige Form mit zwei Polen. Der eine ist positiv und der andere ist negativ.

Haben Sie keine Angst, vergessen Sie das Problem, auf diese Weise wird das Problem aufgelöst. Können Sie Schachspielen? Eine Partie Schach würde Ihnen nicht schlecht bekommen, um ein Problem zu vergessen, oder trinken Sie eine Tasse Kaffe oder Tee und gehen Sie anschließend schwimmen, oder besteigen Sie einen Berg und lachen Sie ein bisschen. Lachen wird Ihnen gut tun und wird Sie das Problem vergessen lassen. Plötzlich überkommt Sie eine Inspiration, Sie fassen einen Entschluss und das Problem ist gelöst; vielleicht gefällt Ihnen die Lösung nicht besonders, aber sicher ist, dass das Problem gelöst wurde, oder besser gesagt, aufgelöst wurde.

Ein Weiser sagte einmal: „Befasse Dich mit den Dingen, bevor sie zu existieren beginnen, dort liegt die Lösung“. Denn das Problem wird im Verstand geboren und hat dort seine Existenz, vergessen wir es nicht. Es regnet und Sie haben Ihren Regenschirm zu Hause vergessen – das ist an sich kein Problem, auch noch nicht die Tatsache, dass Sie Schulden haben, Ihre Arbeit verloren haben und aufgefordert sind zu zahlen. Diese Tatsachen sind relativ wirklich in einer relativen Welt, aber Probleme sind etwas, das Sie töten müssten, bevor es entsteht, oder das Sie später lösen müssen, ohne zu vergessen, dass der Riese, den wir wieder niederschlagen müssen, umso größer wird, je mehr Zeit wir verstreichen lassen.

Die Angst ist unser schlimmster Feind. Dem Teufel der Angst gefällt es nicht, wenn wir Probleme lösen. Haben Sie Angst davor, auf die Straße gesetzt zu werden, weil Sie kein Geld haben, die Miete zu bezahlen. Und wenn Sie hinausgeworfen werden - na und? Wissen Sie denn, welche neuen Türen Ihnen offenstehen werden? Die Intuition weiß es, und deshalb hat der intuitive Mensch keine Angst. Intuition löst Probleme auf.

Haben Sie Angst, Ihre Arbeit zu verlieren? Und wenn Sie sie verlieren – na und? Wissen Sie überhaupt, welche neue Arbeit auf Sie wartet? Die Intuition weiß es, und deshalb hat der intuitive Mensch keine Angst.

Wenn der Kampf der Gedanken aufhört, wird die Intuition geboren und die Angst endet. Die Intuition löst Probleme auf, wie schwierig sie auch sein mögen.

Kapitel VI

Eine Wette mit dem Teufel

Napoleon wäre dem Teufel erlegen. Eins ist es, auf dem Schlachtfeld gegen andere Männer zu kämpfen und etwas anderes ist der Kampf gegen sich selbst. Satan ist der goldene Feind, und er ist sehr nützlich.

Der Teufel ist eine Leiter, um abzusteigen, aber auch um aufzusteigen. Die Zwölf Arbeiten des Herkules beziehen sich auf den Teufel.

Der Pakt mit dem Teufel ist die Wette selbst, und der Triumph ist die Fähigkeit, Gold herzustellen.

Die elektrische Kraft ist das Kreuz in Bewegung oder Swastika, es ist die unablässige Bewegung. Die transzendente Elektrizität, die sich wie ein Wirbelwind dreht, hat mir geholfen, die gnostische Bewegung aufzubauen.

Bei den Profanen und Schändern ist das Kreuz keine Swastika, denn mit dem Beenden der chemischen Kopula endet die Bewegung. Im gnostischen Kreuz jedoch endet die Bewegung nicht, denn die Elektrizität wird weiterhin transmutiert.

Normalerweise muss die sexuelle Arbeit mindestens eine Stunde dauern. In Indien wird das Kulturniveau nach der Zeit, welche die chemische Kopula einnimmt, gemessen; wer drei Stunden daran arbeitet, wird geachtet und ist ein *Herr*.

Die sich bewegende Swastika erzeugt transzendente sexuelle Elektrizität. Hitler wusste um diese Dinge und machte deshalb die Swastika zum Symbol seiner Partei.

Der „Mann mit den grünen Handschuhen“ gehörte dem Klan der Dag Dupas an. Hitler ließ sich von diesem Menschen durcheinanderbringen, und wurde gelehrt, alles auf negative Weise zu kristallisieren.

Als von Litz kapitulierte, gingen die Mönche der Dag Dupas in Lhasa auf die Straße und feierten die Kapitulation Berlins.

Der Zweite Weltkrieg war ein Zweikampf zwischen den Lehren von Gurdjieff und denen der Dag Dupas.

Dieser Zweikampf wurde aus Tibet importiert, und war ein wahrer Kampf zwischen den schwarzen Magiern und den weißen Magiern von Tibet.

Sexuelle Super-Dynamik

Es wäre nutzlos, alle Gelehrsamkeit der Welt zu besitzen, würden wir nicht in uns selbst sterben. Die psychischen Aggregate zu brechen, ist nur möglich in der Schmiede der Zyklopen während des chemischen Koitus.

Mann und Frau, sexuell vereint, sind umgeben von schreckenerregenden kosmischen Kräften. Mann und Frau, sexuell vereint, sind eingehüllt in mächtige Kräfte, die das Universum schufen.

Der Mann ist die positive Kraft, die Frau ist die negative Kraft. Die neutrale Kraft versöhnt beide.

Wenn die drei Kräfte gegen ein psychisches Aggregat geführt werden, wird dieses zu kosmischem Staub reduziert.

Der Mann muss während des chemischen Koitus seiner Frau helfen, indem er ihre psychischen Aggregate als die seinen betrachtet. Die Frau muss ebenso die psychologischen Aggregate des Mannes als die ihren betrachten.

Auf diese Weise werden die positiven, negativen und neutralen Kräfte vereint, wie es ihnen entspricht, gegen jegliches Aggregat geführt. Dies ist der Schlüssel der sexuellen Superdynamik, um die psychischen Aggregate aufzulösen.

Mann und Frau müssen, sexuell vereint, beten und Devi Kundalini bitten, nach und nach ein psychisches Aggregat aufzulösen, das zuvor tief gehend verstanden wurde.

Wenn der Mann ein psychisches Aggregat, sei es Hass, Lüsternheit, Eifersucht usw., auflösen will, wird er die göttliche Mutter Kundalini anflehen, sie bitten, dieses Aggregat aufzulösen, während ihm seine Frau helfen wird mit der gleichen Bitte, als wäre das Aggregat das ihre. So hat auch der Mann mit den psychischen Aggregaten seiner Frau vorzugehen, indem er sie als seinen eigenen betrachtet.

Die Gesamtheit der Kräfte des Mannes und der Frau müssen während der metaphysischen Kopula, sei es gegen die psychischen Aggregate des Mannes oder die der Frau, gelenkt werden; so werden wir dem Ego ein Ende machen.

Dies ist der Schlüssel der sexuellen Superdynamik: Verbindung des Lingam-Yoni, ohne Ejakulation der Wesenheit des Samens, die drei Kräfte gegen jedes psychische Aggregat richtend.

Wir dürfen nicht vergessen, dass Mann und Frau, vereint während des chemischen Koitus wirklich ein göttliches, omnipotentes und schreckliches androgynes Wesen sind.

Das Quecksilber

Wer das Quecksilber der Gelehrten besitzt, wird die letzte Befreiung erlangen. Es ist nicht möglich, den Stein der Weisen zu erlangen, wenn man sich nicht zuvor selbst erkannt hat.

Die Vorbereitung von Quecksilber pflegt schwierig zu sein. Das Quecksilber entsteht aus der Umwandlung des Exohehari oder rohen Quecksilbers.

Das rohe Quecksilber stellt das Heilige Sperma dar. Viele Mineralien können zu Quecksilber umgewandelt werden, aber nicht alle. Die Vorbereitung von Quecksilber ist der Assimilation von Nahrung ähnlich.

Das trockene Quecksilber, die Kontratransferenz, das Ego, muss beseitigt werden, wenn wir wirklich ein sauberes und reines Quecksilber für das große Werk wollen.

Zwanzig ist der mathematische differenziale Mittelwert zweier Beträge. Wenn trockenes Quecksilber nicht eliminiert wird, kann kein differenzialer Mittelwert existieren. Wir müssen psychologisch durch die Stadien von Erde, Wasser, Luft und Feuer gehen.

Durch die Beseitigung und psychologisches Verstehen des trockenen Quecksilbers schaffen wir es, das Sakrament der Kirche von Rom zu verfeinern. Die Feuerrose, durchdrängt von Sulfur – Feuer –, steigt glorreich entlang des Rückenmarks auf und gibt uns das Verstehen oder das Licht, um die Mechanismen des Egos zu begreifen.

Quecksilber verwandelt uns in Ritter des Lebens und des Todes. Es gibt das universelle Quecksilber. Die Kosmokratoren mussten am Anfang des kosmischen Tages in der Schmiede der Zyklopen - der Sexualität - arbeiten.

Dies wurde von den Nachfolgern der *Dialektik der Natur* von Engels nicht verstanden. Im Chaos, dem Rohmineral, arbeitet das Heer des Wortes, arbeiten die Paare, um das trockene Quecksilber aufzulösen.

Auf dem einstigen Planeten Mond gab es eine Menge trockenen Quecksilbers zu eliminieren.

In der Revolution der Dialektik, in der integralen Revolution, müssen wir im Kleinen das tun, was der Logos im Großen tut.

Menschliche Wesen, die das große Werk vollbringen, unterscheiden sich innerlich sehr von einem Humanoiden, denn sie haben das trockene Quecksilber aus sich selbst eliminiert, obwohl äußerlich keine radikalen Unterschiede sichtbar sind.

Der Überschuss an Quecksilber, rein und lauter, bildet auf einer höheren Oktave die verschiedenen existenziellen Körper. Um dies zu erreichen, müssen wir im Laboratorium des dritten Logos arbeiten.

Um die Revolution der Dialektik objektiv zu verstehen, ist das Donum Dei, die Gabe Gottes, erforderlich. Für die Persönlichkeit der Verstorbenen gibt es kein Morgen. Die Persönlichkeit ist eine Form von trockenem Quecksilber, durch die wir viel Energie vergeuden, die wir nutzen müssen, um das Bewusstsein zu stärken und seine Transferenz zu realisieren.

Eine starke Individualität verdrängt die Persönlichkeit vollkommen, die eine groteske Form des trockenen Quecksilbers ist.

Die Energie, die wir in die Persönlichkeit verschwenden, muss genutzt werden, um all jenes, was nicht zum Sein gehört, auszulöschen; dies ist der Fall bei den schlechten Gewohnheiten, die ebenfalls Formen von trockenem Quecksilber sind.

Indem wir das trockene Quecksilber auflösen durch die sexuelle Superdynamik und die Selbstachtung, werden wir uns daran gewöhnen, auf eine unpersönliche Weise zu leben.

Kapitel VII

Grundlegende Erziehung

Ich werde niemals müde werden, nachdrücklich zu betonen, dass das akademische System und das Bildungssystem dieser entarteten Zeiten lediglich dazu dienen, die wahren Werte des Seins zu verfälschen. Die Tatsachen haben bewiesen, dass ich recht habe. Jedes Schuljahr werden nach den Statistiken der letzten Jahre ungefähr 500 westdeutsche Kinder Selbstmord begehen.

Es wird geschätzt, dass 14 000 Jugendliche versuchen werden, sich das Leben zu nehmen und eine große Anzahl von Schülern, jeder Dritte unter 16 Jahren, wird unter ernsthaften Symptomen von Stress leiden, ausgelöst durch das, was die Deutschen Schulangst nennen. Der Schuldruck und die Anspannung, die manche Kinder nicht meistern können, sind verantwortlich für eine der schlimmsten Situationen, die Jugendliche treffen.

Die Schulangst scheint nur ein weiteres soziales Phänomen zu sein, das Ergebnis eines höchst wettbewerbsorientierten Schulsystems, nicht nur in Deutschland, sondern in allen Ländern der Welt, verbunden mit hoher Arbeitslosigkeit und einer hierarchischen Gesellschaft, die alberne akademische Titel als Statussymbole oder als Kennworte verehrt, um hoch bezahlte Stellungen zu erlangen.

Die Anzahl der Kinder im Schulalter, die diese Art von Angst durchmachen, fühlen, dass die Stress verursachenden Systeme unerträglich sind.

Gemäß einer Studie des Professors für Pädagogik Karl Stritt Matter, leidet jeder dritte Jugendliche unter 16 Jahren an chronischen Magenbeschwerden, an ernsthaften Kopfschmerzen, oder nässt das Bett, während er schläft. Jeder fünfte Schüler ist in psychiatrischer Behandlung, und es wurde sogar festgestellt, dass Kinder im Alter von neun Jahren an Geschwüren erkranken, die durch schulische Anspannung hervorgerufen werden.

Das Besondere an diesen Studien sind die Statistiken über die Selbstmorde von Schülern, die hinsichtlich des Alters der Opfer besonders entmutigend sind: Von den 517 Schülern unter 18 Jahren, die 1976 in Deutschland Selbstmord begingen, waren 103 in einem Alter von 10 bis 15 Jahren. Die Selbstmordrate von Jugendlichen unter 18 Jahren liegt ungefähr bei 3,3 von 100.000 in West-Deutschland, 50 Prozent höher als in den Vereinigten Staaten, wo Selbstmord unter Heranwachsenden ebenfalls ein alarmierendes Problem darstellt.

Solange wir nicht mit einer grundlegenden Erziehung arbeiten, die auf den soliden Prinzipien von freier Initiative, Nicht-Nachahmung, kreativer Freiheit, bewusster Aufmerksamkeit, Mut, Liebe, richtigem Denken und Zuhören, Weisheit, Großmütigkeit, Verständnis, Integration, Einfachheit, Friede, Wahrhaftigkeit, Intelligenz, Berufung usw., beruht, wie ich in meinem Buch „*Grundlegende Erziehung*“ dargestellt habe, werden nicht nur Kinder und Jugendliche, sondern auch Erwachsene weiterhin unter akuten Angstzuständen leiden und die Selbstmordrate wird monströs zunehmen.

Die Presse

Alle Zeitungen sind voll von Gedanken, die in Wirklichkeit den Verstand verdrehen. Auf diesem Weg der psychologischen Befreiung ist es nicht gut, den Verstand irrezuleiten.

Es scheint mir, dass bewusster Glaube nötig ist, damit eine wahre geistige Gesundheit existieren kann.

Die Presse füllt den Verstand mit Skepsis und diese stört das Gleichgewicht des Verstandes, weil es ihn krankmacht. Journalisten sind von Natur aus 100 Prozent skeptisch.

Geistige Gesundheit ist nicht möglich, wenn es keinen bewussten Glauben gibt.

Die Skepsis der Journalisten ist ansteckend und zerstört den Verstand.

Wir müssen die Kinder auf das Land hinausbringen und ihnen Märchen oder alte Sagen erzählen, anstatt ihnen Unsinn vorzulesen; auf diese Weise wird ihr Verstand offen und frei von den Vorurteilen dieser dekadenten und entarteten Zeit bleiben. In dieser altersschwachen und mechanistischen Zeit ist es notwendig, die Fähigkeit des Staunens wiederzuerlangen.

Bedauerlicherweise haben die modernen Menschen diese Fähigkeit verloren.

Fernsehen

Im Leben ist es wichtig, sich den Kopf nicht mit fremden Ideen zu füllen, die man im Fernsehen sieht, denn mit der Zeit werden sie zu fixen Bildern.

Die Bilder, die wir im Fernsehen sehen, werden in unserem Verstand reproduziert, indem sie zu Vorstellungen werden, welche letztlich psychologische Realität annehmen.

Es ist notwendig, den Verstand rein zu halten, damit das Sein in unserem psychologischen Universum amtieren kann, frei von den Fesseln des Egos.

Diejenigen, die auf der Suche nach der integralen Revolution sind, können sinnvolle Filme sehen, die von der Natur handeln, von der greifbaren Realität, um objektiven Nutzen für das Superlative Bewusstsein des Seins zu erlangen.

Ultramoderne Musik

Moderne Musik hat weder Harmonie noch wirkliche Melodie, und es mangelt ihr an präzisem Rhythmus.

Ich betrachte moderne Musik als unharmonisch, voller schriller Töne, die schädlich sind für alle fünf Zylinder der menschlichen Maschine.

Musik der *ultramodernen Art* schädigt das Nervensystem und verstimmt alle Organe des menschlichen Körpers. Zwischen moderner Musik und den Melodien des Unendlichen besteht keinerlei Übereinstimmung.

Wenn das Ego zerstört ist, werden wir mit der Musik des Kosmos und der Sphären schwingen. Romantische Musik ist verbunden mit den Dingen der Zeit und ist illusorisch.

Klassische Musik bringt uns in Kommunion mit dem Unaussprechlichen, welches nicht der Zeit angehört und ewig ist!

Solioonensius

Der große russische Gelehrte George Lakosky kam, nachdem er die Sonnenflecken gründlich studiert hatte, zu der Entdeckung, dass zwischen diesen und den Kriegen eine Verbindung besteht.

In dieser Zeit der ferngesteuerten Raketen sind ausgiebige Studien über kosmische Strahlen und deren Einfluss auf die lebende Zelle und die Organismen im Allgemeinen durchgeführt worden.

Die komplizierten Mechanismen der ferngesteuerten Raketen können aus der Entfernung mittels radioaktiver Wellen kontrolliert werden. Man kann die Radioaktivität der Planeten im Weltraum und ihren elektromagnetischen Einfluss auf lebende Organismen nicht mehr leugnen.

Es gibt ein kosmisches Gesetz, Solioonensius genannt, das sich auf unserem Erdplaneten 40 mal seit dem Untergang von Atlantis offenbart hat. Dieses kosmische Gesetz ist das Ergebnis elektromagnetischer Spannung der Welten. Unser Sonnensystem Ors hat ein benachbartes Sonnensystem, das Baleooto heißt. Es gibt im Kosmos ebenfalls den berühmten Kometen Solni, der sich manchmal auf gefährliche Weise der leuchtenden Sonne Baleooto nähert.

Diese glänzende Sonne war oft genötigt, eine starke elektromagnetische Spannung aufzubauen, um in der Lage zu sein, ihre gewohnte kosmische Bahn beizubehalten. Diese Spannung löst, wie es ganz natürlich und logisch ist, eine gleiche Spannung in all den benachbarten Sonnen aus, unter denen unsere Sonne Ors sich befindet.

Wenn unsere Sonne Ors in eine elektromagnetische Spannung versetzt wird, damit der kosmische Pfad, dem sie folgt, sich nicht ändert, verursacht dies eine gleiche Spannung in all den Planeten des Sonnensystems von Ors einschließlich unseres Erdplaneten. Dies ist der kosmische Solioonensius, das große Gesetz, das in sehr langen Intervallen auf unserer Erde wirkt.

Normalerweise erzeugt dieses große Gesetz eine starke Religiosität und tiefes Sehnen nach Selbstverwirklichung, aber wenn die Menschheit psychologisch nicht vorbereitet ist für das Wirken dieses Gesetzes, ist das Ergebnis normalerweise katastrophal.

Im Jahr 1917 offenbarte sich das zuvor erwähnte Gesetz sehr heftig, aber da das russische Proletariat voll von tiefem Groll und Bitternis war,

war der Solioonensius in anormaler und negativer Weise mit der Psyche jedes Menschen verbunden. Das Ergebnis dieser negativen Verbindung war die bolschewistische Revolution.

Russland hat sich lange Zeit psychologisch auf diese blutige Revolution vorbereitet. Die bolschewistische Revolution war sicherlich das Ergebnis einer sehr schlechten Verbindung von Solioonensius mit der psychologischen Eigentümlichkeit jedes Menschen. Eine der charakteristischen Auswirkungen dieses Gesetzes ist die Sehnsucht nach Freiheit.

Wie auch immer, es gab in dieser Zeit der bolschewistischen Revolution in Russland einige Leute, die wussten, wie sie einen intelligenten Vorteil aus Solioonensius ziehen konnten, um objektive Vernunft, individuelles Selbst-Bewusstsein und die Revolution der Dialektik zu entwickeln, die sich ebenfalls in unserer Zeit erheben wird.

Viele Jahre sind vergangen, und wir wissen noch nicht, wann der Solioonensius wieder wirken wird; was wir wissen, ist, dass wir psychologisch vorbereitet sein müssen, um ihn in intelligenter Weise zu empfangen und mit dieser Hilfe die integrale Revolution zu erreichen, die ich in dieser Abhandlung in objektiver Weise vorstelle.

Es ist logisch, anzunehmen, dass das Ergebnis eine Katastrophe sein muss, wenn uns Solioonensius psychologisch unvorbereitet vorfindet. Es ist gut, in unser Gedächtnis einzuprägen und niemals zu vergessen, dass die bolschewistische Revolution und der Sieben-Tage-Krieg eine soziale Katastrophe waren.

Wir müssen danach streben, die Revolution der Dialektik auf der Erde zu verwirklichen, und aus diesem Grund ist es notwendig, uns selbst psychologisch bestmöglich vorzubereiten. Es wäre bedauernswert, wenn uns der nächste Solioonensius ohne jegliche Art psychologischer Vorbereitung antreffen würde.

In der Vergangenheit, als die Menschheit nicht vorbereitet war, war es jedes Mal katastrophal, als Solioonensius sich offenbarte. Erinnern wir uns an das alte Ägypten, wo beim Wechsel der Dynastien schreckliche Ereignisse stattfanden. Zweimal offenbarte sich der Solioonensius auf katastrophale Weise in dem sonnigen Land von Kem.

Das erste Mal wählte das Volk die Führer in blutiger Revolution durch Blut und Tod aus. Der Kandidat, der die größte Anzahl von Augen der Fürsten, die der legitim konstituierten Klasse der Führer angehörten, in seinem *heiligen Glas* hatte, wurde zum neuen Führer gewählt. Es ist klar, dass die Szenen solch einer Revolte grausam waren.

In der zweiten Offenbarung dieses kosmischen Gesetzes erhob sich das ägyptische Volk voller Zorn gegen seine Führer und tötete sie, indem es sie mit einem heiligen metallischen Kabel durchbohrte. In jener Zeit wurden weder Geschlecht noch Alter geachtet, und jenes Kabel schien ein makabres Halsband zu sein, das später von wilden Tieren gezogen und im Nil versenkt wurde.

Der Solioonensius ruft Sehnsüchte nach Freiheit und Revolution des Bewusstseins hervor, aber wenn das menschliche Wesen nicht vorbereitet ist, fällt ihm nichts anderes ein, als Führer zu töten, andere zu ermorden, Könige zu entthronen, Kriege zu entfachen usw.

Wir müssen uns psychologisch auf den Solioonensius vorbereiten, wir müssen uns unserer selbst bewusst werden und die Revolution der Dialektik auf der Erde verbreiten.

Religiöse Prinzipien

Alle Religionen sind Edelsteine, die auf den goldenen Faden der Göttlichkeit aufgefädelt sind. Religionen beinhalten die ewigen Werte, falsche Religionen gibt es nicht. Alle Religionen sind notwendig, jede Religion erfüllt ihre Aufgabe im Leben.

Es ist absurd zu sagen, dass die Religion des Nachbarn nichts taugt und dass nur meine wahr ist. Wenn die Religion des Nachbarn nichts taugt, so taugt auch meine nichts, denn die Werte sind immer dieselben.

Es ist dumm, die Religion der Eingeborenenstämme Amerikas als Götzenanbetung zu bezeichnen. Und wenn wir über sie lachen, können auch sie über uns lachen. Und wenn wir sagen, dass sie Götzen verehren und verehrten, können sie ebenfalls sagen, dass wir Götzen verehren.

Wir können die Religionen anderer nicht schlecht machen, ohne nicht auch die unsere schlecht zu machen, denn die Prinzipien sind immer dieselben. Alle Religionen haben dieselben Prinzipien. Jede Religion wird unter der Sonne geboren, wächst, entwickelt sich, verzweigt sich in verschiedene Sekten und stirbt. So ist es immer gewesen und so wird es immer sein.

Die religiösen Prinzipien sterben nie. Die religiösen Formen können sterben, aber niemals die Prinzipien, die ewigen Werte, diese bleiben bestehen, verkleidet in neue Formen.

Religion ist dem Leben ebenso verhaftet wie die Feuchtigkeit dem Wasser. Es gibt tief religiöse Menschen, die keiner religiösen Form angehören. Menschen ohne Religion sind von Natur aus konservativ und reaktionär. Nur der religiöse Mensch vollbringt die Revolution der Dialektik.

Es gibt kein Motiv, das religiöse Kriege wie den in Irland rechtfertigt. Es ist absurd, andere nur deshalb, weil sie nicht unserer Religion angehören, Ungläubige, Ketzer oder Heiden zu nennen.

Der Zauberer, der sein Priesteramt vor einem Stamm von Kannibalen im Herzen des afrikanischen Dschungels ausübt und der aristokratische christliche Erzbischof, der sein Amt in den großen Kathedralen von London, Paris oder Rom zelebriert, stützen sich auf dieselben Prinzipien, nur die religiösen Formen variieren.

Jesus, der göttliche Rabbi von Galiläa, lehrte alle Menschen den Weg der Wahrheit und die Revolution der Dialektik.

Die Wahrheit wurde Fleisch in Jesus, und sie wird Fleisch werden in jedem Menschen, der die integrale Revolution vollbringt.

Wenn wir die Religionen untersuchen, wenn wir eine vergleichende Studie der Religionen durchführen, finden wir in allen den Christuskult; das Einzige, was sich ändert, sind die Namen, die dem Christus gegeben werden.

Der göttliche Rabbi aus Galiläa hat die gleichen Merkmale wie Zeus, Apollo, Krishna, Quetzalcoatl, Laotse, Fu-ji – der chinesische Christus –, Buddha usw.

Man ist erstaunt, wenn man eine vergleichende Studie der Religionen macht. Alle diese heiligen, religiösen Gestalten, die den Christus personifizieren, sind am 24. Dezember um Mitternacht geboren.

All diese heiligen Gestalten sind Söhne aus unbefleckter Empfängnis, sie alle werden durch Werk und Gnade des Heiligen Geistes geboren, sie alle werden von Jungfrauen geboren, die vor, während und nach der Geburt unbefleckt sind.

Die arme und unbekannte hebräische Frau Maria, Mutter des verehrungswürdigen Erlösers Jesus, erhielt die kosmischen Eigenschaften und Kräfte der Göttinnen Isis, Juno, Demeter, Ceres, Vesta, Maya, Adonia, Insoberta, Rhea, Kybele, Tonantzin usw.

All diese weiblichen Gottheiten stellen immer die göttliche Mutter, das kosmische Ewig- Weibliche dar. Christus ist immer der Sohn der göttlichen Mutter und ihr huldigen all die heiligen Religionen.

Maria wird vom Heiligen Geist befruchtet. Die Tradition erzählt uns, dass der dritte Logos in Gestalt einer Taube den unbefleckten Leib Marias befruchtete.

Die Taube ist stets ein Phallussymbol. Erinnern wir uns an Peristera, die Nymphe aus der Gefolgschaft der Venus, die durch die Liebe in eine Taube verwandelt wurde.

Bei den Chinesen ist Fu-Ji der Christus. Der chinesische Christus ist durch ein Wunder aus Werk und Gnade des Heiligen Geistes geboren.

Eine Jungfrau namens Hoa-Se, die am Flussufer spazieren ging, setzte ihren Fuß in den Fußabdruck des großen Mannes. Sofort war sie berührt von dem wunderbaren Licht, das sie umgab, und ihr Leib wurde befruchtet. Zwölf Jahre vergingen und am 4. Tag des 10. Mondes um Mitternacht wurde Fu-Ji geboren. Er wurde so genannt, im Andenken an den Fluss, an dessen Ufer er empfangen wurde.

Im alten Mexiko ist Quetzalcoatl der Christus, der Messias und Erneuerer der Tolteken.

Ein Botschafter des Himmels erschien der Chimalman, die eines Tages allein mit ihren zwei Schwestern war. Als die Schwestern ihn sahen, starben sie vor Furcht. Sie aber, als sie aus dem Munde des Engels vernahm, dass sie einen Sohn empfangen würde, empfing auf der Stelle und ohne das Werk eines Mannes Quetzalcoatl, den mexikanischen Christus.

Bei den Japanern ist Amida der Christus, der vor der höchsten Göttin Ten-Sic-Dai-Tain Fürbitte für alle Sünder einlegte. Amida, der japanische Christus der shintoistischen Religion, hat die Macht, die Tore des Gokurat, des Paradieses zu öffnen.

Die germanische Edda spricht von Khristos, dem Gott ihrer Theogonie, der Jesus ähnlich ist und ebenfalls am 24. Dezember um Mitternacht geboren wurde, so wie Odin, Wotan und Belenus. Wenn man das Evangelium von Krishna, dem hinduistischen Christus, studiert, ist man überrascht, das gleiche Evangelium wie das von Jesus zu finden, obwohl Krishna viele Jahrhunderte vor Jesus geboren wurde.

Devaki, die hinduistische Jungfrau, empfing Krishna durch die Gnade des heiligen Geistes. Das göttliche Kind Krishna wurde zu dem Stall von Nanden gebracht und die Götter und Engel kamen, um es zu verehren. Das Leben, die Leidensgeschichte und der Tod von Krishna gleichen dem von Jesus.

Es ist der Mühe wert, alle Religionen zu studieren. Das vergleichende Studium der Religionen lässt uns verstehen, dass alle Religionen die ewigen Werte in sich bergen, dass keine Religion falsch ist, dass sie alle wahr sind. Alle Religionen sprechen von der Seele, dem Himmel und der Hölle usw. Die Prinzipien sind immer dieselben.

Bei den Römern war die Hölle Averno, bei den Griechen Tartarus, bei den Hindus Avitchi usw.

Der Himmel bei den Griechen und Römern war der Olymp. Jede Religion hat ihren Himmel. Als die Religion der Römer unterging, als sie entartete, wurden die Priester zu Wahrsagern und Gauklern, aber die ewigen Prinzipien starben nicht, sie nahmen die neue religiöse Form des Christentums an.

Die heidnischen Priester, Augur, Druide, Flamen, Hierofant, Dionysian und Opferer genannt, wurden im Christentum mit den heiligen Titeln des Klerikers, Hirten, Prälaten, Popen, Gesalbten, Abtes und Theologen usw. neu getauft.

Die Sybillen, Vestalinnen, Druidinnen, Päpstinnen, Diakonissen, Menadinnen, Pythien wurden im Christentum Novizinnen, Äbtissinnen, Kanonikerinnen, hohe Prälatinnen, Reverendinnen, Schwestern und Nonnen genannt.

Götter, Halbgötter, Titanen, Göttinnen, Sylphen, Zyklopen, Botschafter von Göttern früherer Religionen wurden neu getauft mit den Namen von Engeln, Erzengeln, Seraphinen, Potentaten, Virtuten, Thronen usw. Wenn Götter in früheren Zeiten verehrt wurden, dann werden sie jetzt auch verehrt, lediglich unter anderen Namen.

Die religiösen Formen ändern sich entsprechend den geschichtlichen Zeitaltern und Rassen. Jede Rasse braucht ihre besondere religiöse Form.

Völker brauchen Religion. Ein Volk ohne Religion ist in der Tat barbarisch, ein völlig grausames und unbarmherziges Volk.

Die vierte Einheit des Verstandes

Die kommunistischen Fanatiker hegen einen tödlichen Hass gegen alles, was einen Beigeschmack von Göttlichkeit besitzt.

Die materialistischen Fanatiker glauben, dass sie alle Probleme des Kosmos mit ihrer dreidimensionalen Denkweise lösen können, und das Schlimmste daran ist, sie kennen nicht einmal sich selbst.

Der Gott Materie der Herren Materialisten hält keiner tiefen Analyse stand. Bis jetzt sind die Fanatiker der marxistischen Dialektik noch nicht in der Lage gewesen, die Existenz der Materie zu beweisen.

Während des letzten Jahrhunderts und zum Teil im 20. Jahrhundert haben materialistische Fanatiker ihre Zeit damit vergeudet, über das bereits ermüdende und langweilige Thema von Materie und Energie zu argumentieren.

Es wurde viel über Energie und Materie gesagt, aber in der Realität bleiben diese trotz all der Spekulationen die unbekannten X-Y-Werte. Was dann?

Das Lustige an dieser Angelegenheit ist, dass die reaktionären Anhänger des berühmten *dialektischen Materialismus* immer versucht haben, das eine durch das andere zu definieren; es ist gewiss lächerlich, Unbekanntes durch Unbekanntes zu definieren.

Den armen entführten Kindern Tibets werden in Peking Phrasen wie diese gelehrt: „Materie ist das, worin die Veränderungen stattfinden, die man Bewegungen nennt. Und Bewegungen sind jene Veränderungen, die in der Materie stattfinden.“ Dies ist die Identität des Unbekannten, X = Y, Y = X. Letztendlich ein Teufelskreis, Unwissenheit, absurd.

Wer hat jemals in seiner Hand ein Stück Materie ohne Form gehalten? Wer hat jemals Materie frei von aller Form gekannt? Wer hat jemals Energie frei von dem Begriff der Bewegung gekannt? Materie an sich, Energie an sich – wer kennt das schon?

Niemand hat *Materie* gesehen, niemand hat *Energie* gesehen. Der Mensch nimmt nur Phänomene, Dinge, Formen, Bilder, etc. wahr, aber niemals hat er die Substanz der Dinge gesehen.

Die Herren Materialisten ignorieren vollständig, was die Substanz, die sie dogmatisch Materie nennen, ist, wo sie doch in Wirklichkeit nur Holz, Kupfer, Gold, Stein, etc. gesehen haben.

In der Tat ist die sogenannte *Materie* ein Konzept, so abstrakt wie Schönheit, Güte, Tugend. Kein Fanatiker der materialistischen Dialektik hat jemals die Substanz der Dinge an sich gesehen, so, wie das Ding an sich ist. Wir leugnen nicht, dass sie das benutzen, was sie dogmatisch *Materie* nennen, auch der Esel benutzt die Weide, um sich zu ernähren, ohne sie zu kennen. Dies jedoch ist keine Wissenschaft, ist keine Weisheit, dies ist nichts. Wollen die Fanatiker der materialistischen Dialektik alle Menschen zu Eseln machen? Nach all diesem zu urteilen, ist es so. Was können wir schon von jenen erwarten, die die Dinge an sich nicht erkennen wollen?

Die Kunst

In dem Maße, wie sich der Mensch auf dem Pfad der Involution und Degeneration hinabstürzte, wie er immer materialistischer wurde, verschlechterten sich und degenerierten auch seine Sinne. Ich erinnere mich an eine babylonische Schule, die sich dem Studium von allem widmete, was mit dem Geruchssinn zu tun hat. Sie hatte ein Motto, das lautete: „Suche die Wahrheit in den Nuancen der Gerüche, die man zwischen dem Augenblick des Wirkens frierender Kälte und dem Augenblick des Wirkens warmer Zersetzung erlangt".

Jene Schule wurde verfolgt und zerstört von einem sehr schrecklichen Anführer. Dieser Anführer hatte einige sehr dunkle Geschäfte und wurde bald indirekt von den Mitgliedern der Schule angeklagt. Der außergewöhnlich entwickelte Geruchssinn erlaubte den Schülern der oben genannten Schule, viele Dinge zu entdecken, die den Regierungsoberhäuptern unbequem waren.

Es gab eine andere sehr wichtige Schule in Babylon, die Schule der Maler. Diese Schule hatte zum Motto: „Entdecke und bringe die Wahrheit ans Licht, nur durch die Töne, die zwischen weiß und schwarz existieren".

In jenem Zeitalter konnten die Mitglieder dieser Schule gewöhnlich ohne Schwierigkeit um die 1500 Schattierungen von Grau benutzen. Seit der babylonischen Zeit bis zu diesen traurigen Tagen, in denen wir erstaunlicherweise leben, haben sich die menschlichen Sinne schrecklich entartet, aufgrund des Materialismus, den Marx auf seine Weise mit der billigen Sophisterei seiner Dialektik rechtfertigt. Das Ich lebt nach dem Tod weiter und verewigt sich in unseren Nachkommen. Durch die materialistischen Erfahrungen wird das Ich komplizierter, und es stärkt sich auf Kosten der menschlichen Fähigkeiten.

So wie das Ich die Jahrhunderte hindurch stärker wurde, degenerierten die menschlichen Fähigkeiten mehr und mehr.

Die heiligen Tänze stellten wahre lehrreiche Bücher dar, welche bestimmtes transzendentales kosmisches Wissen bewusst vermittelten. Die tanzenden Derwische kannten die sich gegenseitig ausgleichenden Sieben Versuchungen des lebenden Organismus.

Die alten Tänzer kannten die sieben unabhängigen Teile des Körpers und wussten sehr wohl, was die sieben unterschiedlichen Linien der Bewegung waren. Die heiligen Tänzer wussten gut, dass jede einzelne der sieben Linien der Bewegung sieben Punkte dynamischer Konzentration besitzt. Die Tänzer von Babylon, Griechenland und Ägypten wussten sehr wohl, dass sich all das im tanzenden Atom und in dem riesigen Planeten, der um sein kosmisches Gravitationszentrum tanzt, kristallisierte.

Wenn wir eine Maschine erfinden könnten, die mit absoluter Genauigkeit all die Bewegungen der sieben Planeten unseres solaren Systems um die Sonne nachahmen könnte, würden wir mit Staunen das Geheimnis der tanzenden Derwische entdecken. Die tanzenden Derwische ahmen in der Tat exakt all die Bewegungen der Planeten um die Sonne nach.

Die Heiligen Tänze zur Zeit Ägyptens, Babylons, Griechenlands usw. bergen noch Tieferes in sich – sie vermittelten gewaltige kosmische, anthropogenetische, psychobiologische, mathematische Wahrheiten.

Als die ersten Anzeichen von Atheismus, Skepsis und Materialismus in Babylon auftauchten, beschleunigte sich die Degenerierung der fünf Sinne in erschreckender Weise. Es ist absolut nachgewiesen, dass wir das sind, was wir denken, und wenn wir wie Materialisten denken, werden wir degenerieren und versteinern.

Marx beging ein unverzeihliches Verbrechen, er nahm der Menschheit die spirituellen Werte. Der Marxismus hat die religiöse Verfolgung ausgelöst. Der Marxismus stürzte die Menschheit in die totale Entartung.

Marxistische, materialistische Gedanken sind überall durchgesickert, in der Schule und zu Hause, im Tempel und im Büro usw.

Die Künstler jeder neuen Generation sind wahre Apologeten der materialistischen Dialektik geworden. In der ultramodernen Kunst ist jeder Hauch von Spiritualität verloren gegangen.

Moderne Künstler wissen nichts über das Gesetz der Sieben, über die kosmischen Dramen, sie wissen nichts über die Heiligen Tänze der alten Mysterien. Die Menschen der Finsternis haben sich des Theaters und der Bühne bemächtigt, sie haben sie elendig entweiht, sie haben sie vollkommen prostituiert. Der Samstag, der Tag des Theaters und der Mysterienspiele war sehr beliebt in den alten Tempeln. Wunderbare kosmische Dramen wurden dargeboten.

Das Drama diente dazu, den Eingeweihten wertvolles Wissen zu vermitteln. Durch das Drama wurden den Eingeweihten verschiedene Formen der Erfahrung des Seins und Manifestationen des Seins vermittelt.

Unter den Dramen ist das älteste jenes vom kosmischen Christus. Die Eingeweihten wussten sehr wohl, dass jeder von uns zum Christus dieses Dramas werden muss, wenn wir wirklich nach dem Königreich des Übermenschen trachten. Kosmische Dramen basieren auf dem Gesetz der Sieben. Bestimmte intelligente Abweichungen dieses Gesetzes wurden genutzt, den Neophyten transzendentales Wissen zu übermitteln.

In der Musik weiß man sehr gut, dass bestimmte Noten Freude im intellektuellen Zentrum hervorrufen können; Andere können Kummer im emotionalen Zentrum erzeugen; während Andere Religiosität im motorischen Zentrum erzeugen können.

In der Tat wissen wir alten Hierophanten, dass integrales Wissen nur durch die drei Hirne aufgenommen werden kann; ein einzelnes Hirn kann keine vollständige Information weitergeben. Der heilige Tanz und das kosmische Drama, weise mit Musik verbunden, dienten dazu, den Neophyten enormes archaisches Wissen von kosmogenetischer, psychobiologischer, physisch-chemischer und metaphysischer Art zu vermitteln.

Wir können an dieser Stelle auch die Bildhauerkunst erwähnen, die in vergangenen Zeiten großartig war. Die allegorischen Wesen, in den harten Felsen gemeißelt, offenbaren, dass die alten Meister seit jeher um das Gesetz der Sieben wussten.

Erinnern wir uns der Sphinx von Gizeh in Ägypten. Sie erzählt uns von den vier Elementen der Natur und den vier grundlegenden Bedingungen für den Übermenschen.

Nach dem zweiten Weltkrieg wurden die existenzialistische Philosophie und die existenzialistische Kunst geboren. Wann immer wir existenzialistische Schauspieler auf den Bühnen gesehen haben, kamen wir zu dem Schluss, dass sie wahre manische und perverse Kranke sind.

Wenn sich der Marxismus weiter verbreitet, wird es noch soweit kommen, dass der Mensch seine fünf Sinne, die sich heute in einem Prozess der Entartung befinden, völlig verliert.

Durch Beobachtung und Erfahrung hat sich schon erwiesen, dass das Fehlen spiritueller Werte zur Entartung führt.

Die Malerei, die Musik, die Bildhauerei, die Bühnenkunst der Gegenwart sind nichts als Produkte der Entartung.

Auf der Bühne erscheinen nicht mehr die Eingeweihten von damals, die heiligen Tänzerinnen, die wahren Künstler der großen Zeiten. Auf den Bühnenbrettern erscheinen nunmehr lediglich krankhafte Automaten, degenerierte Sänger, ziellose Rebellen usw.

Das ultramoderne Theater ist die Antithese des heiligen Theaters der großen Mysterien Ägyptens, Griechenlands, Indiens usw. Die Kunst unserer Zeit ist finster, sie ist die Antithese des Lichts. Die modernen Künstler sind finster.

Die marxistische und surrealistische Malerei, die ultramoderne Bildhauerkunst, die afrokubanische Musik und die modernen Tänzerinnen sind das Resultat menschlicher Degeneration.

Die Jugendlichen der neuen Generationen erhalten über ihre drei degenerierten Gehirne ausreichende Informationen, um zu Betrügern, Dieben, Mördern, Banditen, Homosexuellen, Prostituierten usw. zu werden.

Niemand unternimmt etwas, um der schlechten Kunst ein Ende zu bereiten, und alles führt auf eine Endkatastrophe hin.

Die materialistische Wissenschaft

Es diskutierte einmal ein materialistischer Atheist, Feind des lebendigen ewigen Gottes, mit einem religiösen Menschen. Die Auseinandersetzung ging über jenes alte Thema: Was kam zuerst, das Ei oder die Henne? Klar, der eine meinte, es war das Ei. Akzeptiert, es war das Ei.

Aber wer legte das Ei? Natürlich die Henne. Der andere meinte, es war die Henne. Aber woher kam die Henne? Natürlich vom Ei. Und das ist die endlose Geschichte.

Am Ende sagte der Gottesgläubige etwas ungeduldig: „Könnten Sie ein Ei machen, wie es Gott gemacht hat?“ Der Materialist antwortete: „Ja, ich mache es.“ „Tun Sie's“, rief der Religiöse aus, und der Materialist stellte ein Ei her, gleich dem einer Henne: mit Dotter, Eiweiß, Schale. Als der Fromme das sah, sprach er: „Nun da Sie schon ein wunderbares Ei gemacht haben, machen Sie doch ein Hühnchen daraus. Legen wir das Ei in den Brutkasten, damit es ausschlüpft.“ „Einverstanden“, sagte der Materialist und legte das Ei in den Brutkasten, doch kein Hühnchen schlüpfte.

Der Weise Alfonso Herrera, Vater der Plasmagenese, erreichte es, eine Zelle zu erschaffen, aber eine tote Zelle, die niemals Leben besaß. In der Kunst der Veredelung wird ein Zweig einem anderen aufgepfropft, angeblich um die Früchte zu veredeln, wodurch die Besserwisser die Natur zu korrigieren suchen. Was sie tun, ist lächerlich. Die Pfröpflinge tragen nicht die gleiche natürliche Lebenskraft des Megalokosmos in sich. Die verfälschten Früchte, die der Mensch zu sich nimmt, schaden vom energetischen Standpunkt aus gesehen seinem Körper.

Die Gelehrten jedoch fühlen sich mit ihren Experimenten zufrieden. Sie verstehen nicht, dass jeder Baum Energie auffängt, sie verwandelt und an die Früchte weitergibt. Dadurch, dass man den Baum verändert, verändern sich die Energien des Megalokosmos, und schon ist diese Frucht nicht mehr dieselbe, sie ist ein Produkt einer Verfälschung, was dem Organismus schaden wird.

Die materialistischen Wissenschaftler hingegen glauben, zu wissen, während sie in Wirklichkeit nicht wissen. Sie sind nicht nur unwissend, sondern was schlimmer ist, sie wissen nicht, dass sie nicht wissen.

Sie führen künstliche Befruchtungen durch, sie entnehmen einem Organismus lebende Zellen, die berühmte Zoospermie, und schon dadurch glauben die Gelehrten, Leben zu erschaffen. Sie bemerken nicht, dass sie nur benutzen, was die Natur schon erschaffen hat.

Legen wir die chemischen Elemente, die notwendig sind, um eine Zoospermie und eine Eizelle zu erschaffen, auf den Labortisch. Sagen wir den Wissenschaftlern, dass sie eine Eizelle und ein Zoospermium herstellen sollen. Würde ihnen das gelingen? Ich sage, ja. Aber würde Leben in ihnen sein? Könnte daraus etwa ein lebendes Geschöpf entstehen? Niemals, weil sie nicht fähig sind, Leben zu erschaffen. Also, mit welchen Beweisen verneinen sie die Existenz höherer oder schöpferischer Intelligenzen? Wenn sie nicht einmal fähig sind, den Samen eines Baumes zu erschaffen, einen Samen, der keimen kann.

Worauf stützen sich die Materialisten, um die Existenz schöpferischer Intelligenzen zu verneinen? Warum sprechen sie sich gegen das Ewige aus? Konnte irgendein materialistischer Wissenschaftler Leben erschaffen? Wann denn?

Mit dem zu spielen, was die Natur schon gemacht hat, ist einfach, aber Leben zu erschaffen, ist etwas anderes. Kein Wissenschaftler ist dazu fähig ...

Sie zweiteilen eine Amöbe, teilen ihre Teile auf dem Labortisch voneinander, verbinden sie mit einem anderen Stück Mikroorganismus und rufen: Heureka! Heureka! Heureka! Wir haben Leben erschaffen! Aber sie sind nicht fähig, eine Amöbe zu erschaffen. Worin besteht die Wissenschaft dieser materialistischen Herrschaften? Wann haben sie bewiesen, dass sie Gott ersetzen können? Die Wirklichkeit der Tatsachen ist, dass sie nicht nur unwissend sind, sondern was schlimmer ist, dass sie nicht wissen, dass sie unwissend sind. Was zählt, sind die Tatsachen, und bis jetzt konnten sie keine Beweise vorbringen.

Sie sagen, der Mensch stammt vom Affen ab. Sie kommen mit der Theorie des Kynokephale mit Schwanz, dem Affen ohne Schwanz und dem Baummenschen, den Kindern des Neopithekoiden usw. Aber was wäre dann das fehlende Glied? Haben sie es gefunden? Wann und wo? Wann hat man je einen sprachfähigen Affen gefunden? Bis jetzt ist er nicht aufgetaucht. Sie sind lächerlich, diese materialistischen Herrschaften. Sie präsentieren uns Vermutungen und keine Tatsachen.

Betrachten wir das Gehirnvolumen des intelligentesten Affen und vergleichen wir es mit dem des zurückgebliebenen Menschen, der sich z. B. in den Stämmen Australiens findet. Es ist offensichtlich, dass der Affe nicht einmal die Fähigkeit zu sprechen erreichen wird.

Widerlegen denn die Materialisten die Theorien von Darwin und seinen Anhängern nicht? Stammt der Mensch vom Affen ab? Worauf basieren ihre Behauptungen? Wie beweisen sie es? Wielange werden wir auf das vermutete verlorene Bindeglied warten müssen? Wir wollen sehen, wie diese Art von Affe mit den Leuten spricht. Er ist nicht aufgetaucht, es handelt sich also um die Annahme eines Blödsinns, der keine Realität besitzt. Warum sprechen sie von Dingen, von denen sie nichts verstehen? Warum so viele billige Utopien? Ganz einfach deshalb, weil ihr Bewusstsein schläft, weil sie sich niemals dafür interessiert haben, eine psychologische Revolution in sich selbst durchzuführen und weil sie keine sexuelle Superdynamik praktiziert haben. Die rohe Wirklichkeit der Tatsachen ist, dass sie hypnotisiert sind.

Wer die Lehren der Revolution der Dialektik nicht praktiziert, wird denselben Fehlern verfallen wie die materialistischen Wissenschaftler.

Die materialistischen Wissenschaftler kommen ständig mit neuen Theorien. Als Beispiel zitieren wir das der *natürlichen Auslese*: Ein unbedeutendes Weichtier entwickelt sich, und aus ihm entstehen durch den Prozess der Auslese andere lebende Arten, bis man zum Menschen gelangt. Können sie diese Theorie beweisen? Offensichtlich nicht!

Wir leugnen nicht, dass in jeder Art bestimmte auslesende Vorgänge existieren. Es gibt zum Beispiel Vögel, die zu bestimmten Jahreszeiten fortziehen; man wundert sich, sie alle wieder vereint zu sehen. Wie seltsam sie sich da verhalten! Sie fliegen los, um den Ozean zu überqueren, und auf dem Weg sterben sie. Nur die Stärksten überleben. Diejenigen, die den Kampf überleben, geben ihre Eigenschaften an ihre Nachkommen weiter. So handelt das Gesetz der Auslese.

Es gibt Arten, die unentwegt gegen Feinde kämpfen und durch so viel Kampf stark werden und ihre Eigenschaften an ihre Nachkommen weitergeben.

Es gibt Tiere, die aufgrund ihres ständigen Lebenskampfes immer stärker werden und ihre psychologischen Eigenschaften an ihre Nachkommen weitergeben.

Niemals hat uns die natürliche Auslese eine neue Spezies auf der Bildfläche der Existenz präsentieren können. Hingegen sind es viele, die der Auslese die Merkmale eines Schöpfers zugeschrieben haben.

Viel ist auch über das Protoplasma gesprochen worden. Über das Protoplasma, das sich seit Millionen von Jahren versunken im Salzmeer befindet; von diesem Protoplasma soll das gesamte Leben kommen.

Die Verfechter dieser materialistischen Theorie machen ihre Anhänger, die ebenso unwissend sind wie sie selbst, glauben, dass sich die psychologische Entwicklung des intellektuellen Tieres, irrtümlicherweise Mensch genannt, von der molekularen Entwicklung des Protoplasmas ableitet und parallel zu den Prozessen derselben verläuft. Nach dieser Auffassung soll das Bewusstsein oder wie es auch immer genannt wird das Resultat der Evolution des Protoplasmas durch die Jahrhunderte hindurch sein. So denken diese Vorbilder der Weisheit.

Da kommt mir auch das atomische Moneron Haeckels in den Sinn, jenes Atom aus den Meerestiefen, woher alles Leben stammt. So denken Haeckel und seine Anhänger.

Es hat sich nichts Kompliziertes organisiert, was nicht verschiedene kosmische universale Prozesse durchlaufen musste.

In Wirklichkeit wissen die Wissenschaftler nichts über das Leben und nichts über den Tod, weder woher wir kommen, noch wohin wir gehen, geschweige denn, was der Zweck der Existenz ist. Warum? Einfach deshalb, weil ihr Bewusstsein schläft, weil sie nicht die Revolution der inneren Dialektik durchführen, weil sie sich auf einem Niveau massiver kollektiver Hypnose befinden, mangels einer integralen Revolution, wie wir sie in diesem Werk lehren. Die materialistische Wissenschaft befindet sich auf dem Weg des Irrtums, sie weiß nichts über den Ursprung des Menschen und viel weniger über seine innere Psychologie.

Wir leugnen nicht, dass das Gesetz der natürlichen Auslese existiert, aber durch sie ist nichts Neues geschaffen worden. Wir leugnen nicht, dass die Arten sich im Laufe der Zeit verändern, aber die Faktoren der Veränderlichkeit einer Art treten nur in Aktion, nachdem die Originalprototypen sich in der physischen Welt kristallisiert haben. Die Originalprototypen irgendeiner lebenden Art entwickeln sich zuvor im psychologischen Raum, in den höheren Dimensionen der Natur, in den höheren Dimensionen, deren Existenz die materialistischen Wissenschaftler leugnen, weil sie diese nicht wahrnehmen, und sie nehmen sie nicht wahr, weil sie psychologisch hypnotisiert sind.

Wenn sie erst einmal aus dem Zustand der Hypnose erwachen und dann sprechen würden, wäre ihre Denkweise anderer Art. Jedoch schlafen sie aus Mangel an mentaler und sexueller Dynamik. Wenn jemand um den Ursprung des Menschen wissen will, muss er die Ontogenese betrachten. Die Ontogenese ist eine Zusammenfassung der Phylogenese.

Was ist die Ontogenese innerhalb der Anthropologie? Sie ist der Entwicklungsprozess des Fötus innerhalb der Gebärmutter. Wenn wir die Vorgänge im Mutterleib während einer Schwangerschaft betrachten, können wir beweisen, dass die Ontogenese eine Zusammenfassung der

Phylogenese ist. Diese wiederum kann als ein Evolutions- und Transformationsprozess verstanden werden, den die menschliche Spezies im Laufe der Jahrhunderte durchlaufen hat.

Die Ontogenese rekapituliert diese Stadien im Mutterleib. Eine ontogenetische Analyse würde uns zu dem logischen Schluss bringen, dass die Spezies Mensch und die anderen tierischen Spezies eine Ähnlichkeit in ihrem Ursprung haben und aus dem psychologischen Raum stammen.

Jedoch die natürliche Auslese und die verschiedenen Varianten oder Faktoren, die eine Veränderung in der menschlichen Rasse hervorrufen, tritt nur in Aktion, nachdem die Spezies, welche es auch sein mögen, sich physisch kristallisiert haben. Vor der physischen Kristallisierung existieren psychologische evolutionäre Prozesse im lebendigen Schoße der Natur, unbekannt für einen Haeckel, einen Darwin und ihre Anhänger, denn in Wirklichkeit wissen diese nichts über den Ursprung des menschlichen Wesens. Wie ist es möglich, dass die materialistischen Gelehrten behaupten, dass es unter den verschiedenen Typen der lebenden Arten gewisse Variationen gibt, sei es spontan oder aus Zufall? Ist dies nicht etwa ein Widerspruch?

Sind es nicht sie selbst, die behaupten, dass das Universum das Ergebnis der Kraft, der Materie und der Notwendigkeit ist. Wie kann es sein, dass sie sich widersprechen und uns von spontanen Variationen in einem Universum von Kraft und Notwendigkeit erzählen? Ist das möglich?

Ein Universum der Kraft, der Materie und Notwendigkeit lässt weder spontane noch zufällige Variationen zu. Diese Variationen in den Spezies existieren aus einem Grund, den sie selbst nicht kennen. Die materialistische Wissenschaft ist nicht nur unwissend, sondern was schlimmer ist, sie weiß nicht, dass sie unwissend ist.

Die psychoanalytische gnostische Anthropologie dringt tief in die Vergangenheit. Diese menschliche Rasse, die heutzutage die Erde bevölkert, ist nichts als eine Rasse von intellektuellen Tieren, fälschlicherweise Menschen genannt. Sie können empört sein, wenn sie wollen, aber bevor diese Rasse von intellektuellen Tieren existierte, gab es die Lemuren, die Hyperboräer, die polare Rasse. Die intellektuellen Tiere stammen aus Atlantis, sie wurden in Atlantis geboren. Die wahren Menschen des lemurischen Kontinents zogen sich in den letzten Zeiten vom Szenarium der Welt zurück. Ihre Organismen wurden den höheren Elementen der tierischen Reiche überlassen.

Der Rasse der intellektuellen Tiere gingen die Rassen der Menschen voraus, die in Lemurien, auf dem hyperboräischen Kontinent und auf der nördlichen Polarkappe, die damals in der Äquatorzone gelegen war, existierten.

Worauf beruft sich die psychoanalytische gnostische Anthropologie, um das zu behaupten? Warum behauptet sie das? Sie beruft sich nicht nur auf all die Traditionen, die in den Büchern des alten Ägyptens, des Inkareiches, des Landes der Mayas, Griechenlands, Indiens, Persiens, Tibets usw. überliefert sind, sondern auch auf die direkten Nachforschungen jener, die es mittels einer psychologischen Revolution erreicht haben, ihr Bewusstsein zu erwecken.

Mit diesem Werk überreichen wir Ihnen alle Systeme, die sie benötigen, um das Bewusstsein zu erwecken, und sobald Sie erwacht sind, werden sie nachforschen und für sich selbst feststellen können, was ich hier mit Nachdruck behaupte. Aber es ist notwendig, zu erwachen, um zu tasten, zu sehen, zu hören und zu fühlen und nicht Opfer der Theorien eines Haeckels, Darwins, Huxleys und deren Anhänger zu sein.

Es hat drei Menschenrassen gegeben, aber wie könnten Sie das mit schlafendem Bewusstsein erkennen? Jene, denen es gelingt, zu erwachen, werden in den Akasha-Archiven der Natur forschen können.

Wie war die erste Rasse? Auf welche Weise lebte sie? In jenen Zeitaltern vor ungefähr 300 Millionen Jahren existierten, den Nachforschungen zufolge, die wir durchgeführt haben, die protoplasmatischen Menschen, und die Erde selbst war auch Protoplasma. Es ist nicht das Protoplasma von Haeckel und das Salzmeer oder tausenderlei weitere Dummheiten ohne jegliche Bestätigung, nein. Die protoplasmatische Rasse ist etwas anders.

Eine menschliche Rasse schwebte in der Atmosphäre. Sie war noch nicht auf die feuchte Erde gefallen. Wie pflanzte sie sich fort, und was war ihr Ursprung? Diese Rasse hatte sich in den höheren Dimensionen der Natur und des Kosmos evolutioniert und involutioniert. Endlich kristallisierte sie sich nach vielen Evolutionsprozessen auf einer ebenfalls protoplasmatischen Erde, entstanden aus dem ursprünglichen Samen, der im Chaos, im Magnus Limbus, im Hiaster der Welt liegt. Als diese Rasse sich kristallisierte, bildete sich der Nukleus, der Kern, der sowohl gigantische Gestalten annehmen, als auch sich auf einen mathematischen Punkt reduzieren konnte.

Worauf berufe ich mich, um das zu behaupten? Auf das erwachte Bewusstsein. Bin ich dessen sicher? Ja, ich bin dessen sicher, und wenn sie die Lehre der Reinkarnation akzeptieren, um so besser. Offensichtlich war ich in jener Rasse reinkarniert, und da ich ein waches Bewusstsein habe, kann ich die evolutionären und involutionären Prozesse derselben nicht vergessen. Aus diesem Grund gebe ich Zeugnis vor ihnen, obwohl ich von ihrem schlafenden Zustand weiß, aber ich muss ihnen all diese Daten übergeben, die sie benötigen, um allmählich zu erwachen.

Wie vermehrte sich jene Rasse? Wie pflanzte sie sich fort? Es verhält sich nicht so, wie die Meisterin Blavatzky sagte, dass sie es auf asexuelle Weise taten, dass sie die Sexualität dafür nicht benötigten.

Welch irrige Behauptung, da die Kraft des Maha-Choan, die Schöpfungsenergie des dritten Logos, in allem fließt, was gewesen ist und sein wird. Die Art der Fortpflanzung war die der Teilung und vollzog sich in einer anderen sexuellen Form, die Organismen teilten sich, wie sich lebende Zellen teilen.

Wohl wissen die Studenten der Biologie, wie die organische Zelle sich teilt: Das Zytoplasma trennt sich mit einem Teilchen des Kernes ab; das wissen sie genau. Von da an blieb der Teilungsprozess in unserem Blut und findet weiterhin millionenfach in unseren Zellen statt. Ist dies nicht wahr? Wer wagt es, das zu leugnen? Ich berufe mich auf Tatsachen! Glauben Sie vielleicht, dass dieser Zellprozess keine Wurzel, keinen Ursprung hat?

Es wäre absurd, wenn Sie so denken würden, denn es gibt keine Ursache ohne Wirkung und keine Wirkung ohne Ursache. Wir haben dies also geerbt. Von wem? Von den Menschen der ersten Rasse.

Der abgetrennte Organismus konnte sich weiterentwickeln, indem er Protoplasma aus seinem Umfeld aufnahm und akkumulierte. Später tauchten die Hyperboräer auf, von denen Friedrich Nietzsche spricht. Ein Volk, das auf jenem Hufeisen lebte, das den Nordpol umgibt – das Land im Norden. Wissen wir das sicher? Ja oder nein? Sie nicht, weil sie schlafen. Ich ja, ich weiß es sicher, denn ich bin erwacht. Leugne ich das? Ich leugne es nicht! Wenn sie mich für verrückt halten wollen, so tun sie es, aber ich muss Zeugnis davon geben, koste es, was es wolle, ich muss immer die Wahrheit sagen.

Die Hyperboräer existierten auch, sie waren nicht so gallertartig wie die Protoplasmaten. Wenn ich so spreche, beziehe ich mich nicht auf die

Urzelle Haeckels im Salzmeer, noch auf das berühmte atomare Moneron; mögen Haeckel und seine Anhänger sehen, wie sie weiterkommen.

Nun will ich mich mit Nachdruck auf diese hyperboräische Rasse, die von der protoplasmatischen abstammt, beziehen. Die Hyperboräer waren eher eine psychische Rasse, die sich durch Keimlinge sexuell fortpflanzte. Haben Sie die Korallen an den Steilküsten des stürmischen Ozeans gesehen? Aus einer Koralle entspringt eine andere und aus dieser wieder eine andere usw.

Es gibt Pflanzen, die sich ständig durch ihre Keimlinge vermehren; so geschah es auch mit den Hyperboräern. Bestimmte Keime, die im Vater-Mutter aufkamen, bewegten die Sexualkraft, bis sich der Keim abtrennte und zu einem neuen Geschöpf wurde. Das war die Fortpflanzungsart der Hyperboräer.

Am Ende versank diese Rasse nach Millionen Jahren von Evolution und Involution dieser fruchtbaren Natur in den Tiefen des stürmischen Pazifischen Ozeans.

Aus der Tiefe der Meere tauchte später ein gigantischer Kontinent auf, der lemurische Kontinent, der sich über den gesamten Pazifischen Ozean erstreckte. Es war das erste Mal, dass sich die menschliche Rasse auf der harten Erdkruste niederließ. Der lemurische Kontinent tauchte auf, nicht durch eine spontane Zeugung, wie ein Epikur und seine Anhänger glaubten, noch durch natürliche Auslese, deren Theorie in die Kategorie eines Schöpfergottes erhoben wurde; eine wunderbare Rhetorik, die man um das Absurde gewoben hat, nicht wahr? Wie also tauchte diese neue Rasse auf? Auf welche Art?

Als die Menschheit begann, ihren physischen Körper zu kristallisieren, kamen die lemurischen Hermaphroditen auf, wie sie in den gigantischen Skulpturen Tulas bei Hidalgo in Mexico dargestellt sind. Sie bewegten sich auf der Erdoberfläche. Anfangs pflanzten sie sich fort, indem sich von ihrem Organismus eine Eizelle löste und sich entwickelte, um ein neues Geschöpf hervorzubringen. Das war das Zeitalter, in dem Phallus und Uterus noch nicht ausgebildet waren, das Zeitalter, in dem das Lingam-Yoni entwickelt wurde. Es war die Zeit, in welcher der Eierstock noch nicht ausgebildet war.

Die Zeit verging auf dem lemurischen Kontinent, und das Fortpflanzungssystem der Knospung kam zum Vorschein. Solch ein System verursachte Erstaunen in jener Zeit. Der Eierstock empfing eine Samenzelle, das heißt ein Zoospermum, sodass jenes Ei, wenn es sich vom Eierstock eines Hermaphroditen löste, schon befruchtet war.

Das ausgebildete Ei brach nach der Brutzeit auf, und aus ihm entschlüpfte eine neue Kreatur. Deshalb sagten die Nahoas: „Die Söhne der dritten Sonne verwandelten sich in Vögel.“ Eine weise Behauptung der alten Nahoa-Kultur.

Aber als sich das Ende des lemurischen Kontinents näherte, trennten sich die Menschen ab der dritten oder vierten Unterrasse in gegensätzliche Geschlechter. Daraufhin war die Zusammenarbeit für den Zeugungsprozess notwendig. Das System der Zusammenarbeit für die Zeugung kommt aus der lemurischen Zeit. Es ist klar, dass es eines Eis aus dem Eierstock bedarf, das von einer Zelle befruchtet wird. Nur so, in der Verbindung einer befruchtenden Zelle mit einem Ei kann die Originalzelle mit den 48 Chromosomen entstehen, die wir unbestreitbar in unserem Inneren tragen, und in denen die 48 Gesetze unserer Schöpfung repräsentiert sind.

Kapitel VIII

Die Persönlichkeit der Verstorbenen und die Quantentheorie

Das Funkeln der Atome ist auf Energiebündel zurückzuführen, die Quanten genannt werden. In einem Diamanten bewegen sich die Quanten mit halber Geschwindigkeit, wobei diese in Luft, Wasser und Erde fortschreitend abnimmt. Ein Atom ist wie ein Vibrometer, das Wellen mit der für ihn typischen Geschwindigkeit erzeugt.

Die emotionale Anhaftung der Toten verringert die Geschwindigkeit der Quanten, sodass die Persönlichkeit der Toten für die Netzhaut des Auges einer lebenden Person wahrnehmbar werden kann; dann wird die Persönlichkeit der Toten fühlbar.

Der Fall Garcia Peñas:

Eines Tages traf ich einen alten Freund auf der Straße „Fünfter Mai" in Mexiko, D..; ich winkte ihm zu und ging meines Weges. Einige Tage später traf ich mit einem Verwandten meines Freundes zusammen, und er erzählte mir, zu meinem größten Erstaunen, dass Herr Garcia Peña, welchen ich gegrüßt hatte, vor zwei Monaten gestorben war. Zweifellos wurde die vergangene Persönlichkeit dieses Freundes, die an diese Welt, in der wir leben, angehaftet ist, greifbar, und wiederholte mechanisch die Handlungen, die er gewöhnlich zu tun pflegte.

Ohne Zweifel gibt es eine enge Verbindung zwischen der energetischen und atomaren Persönlichkeit und den Quanten, die ihre eigene Schwingungsfrequenz besitzen. Gewöhnlich verringern die Toten, infolge ihrer emotionalen Anhaftung an diese dreidimensionale Welt, unbewusst die Schwingung der Quanten ihrer Persönlichkeiten, die somit fühlbar und wahrnehmbar werden.

Wenn die Quanten schnell sind, kann man sie nicht wahrnehmen. Wenn sie sehr langsam sind, ebenso wenig. Normalerweise bewegen sich die Quanten mit Lichtgeschwindigkeit und in Kreisen. Das Geheimnis der Zeit verbirgt sich im Atom. Der Begriff der Zeit ist negativ. Niemand kann die Geschwindigkeit der Zeit nachweisen, noch kann sie in einem Labor festgehalten werden.

Wir setzen den Begriff Zeit zwischen ein Ereignis und einem anderem; der Beweis dafür ist die große Menge verschiedener Kalender.

Was die Geschwindigkeit der Quanten verringert, ist unsere Einstellung, die wir in einem gegebenen Augenblick haben. Das gleiche Phänomen in Bezug auf die Quanten ereignet sich in spiritistischen Sitzungen.

Die Vorgänge des Kosmos werden in einem ewigen Jetzt vollzogen. Sonnenaufgang und Sonnenuntergang vollziehen sich in einem ewigen Augenblick. Wir müssen unsere eigene Denkart entwickeln. Aus energetischer Sicht ist jeder von uns ein mathematischer Punkt, der als Fahrzeug für bestimmte Kräfte dient, seien diese positiv oder negativ. Bilder, Werte und Identität sind in demjenigen, der das Ich vernichtet hat, positiv. Wir müssen den Tod als eine mathematische Substraktion ansehen.

Reinkorporation

Reinkorporation ist das neue Prinzip, das die unaufhörliche Inkorporation der Werte in mathematische Punkte erklärt. Energie ist unzerstörbar. Ich glaube nicht, dass die Quanten zerstört werden können, aber es ist möglich, dass sie sich umwandeln. Jeder Mensch, der an der psychologischen Revolution Gefallen findet, muss über alles nachdenken, was das Quantenphänomen bedeutet, um daraus den Selbstbegriff und die offensichtliche Selbst-Reflektion des Seins abzuleiten.

Das Studium der Quanten kann von jenem vollzogen werden, der am eigenen Leib die mentale Dynamik erlebt, und durch diese seinen Verstand befreit hat.

Die Superdisziplin

Die Superdisziplin und die Vervollkommnung des physischen Körpers werden mithilfe der Naturheilkunde erreicht. Wenn wir die Superdisziplin entwickelt haben, werden wir in der Lage sein, direkte Weisheit aus archäologischen Dokumenten zu erlangen.

Haben wir eine Superdisziplin, werden wir verstehen und akzeptieren, dass wir das Leben aus freiem Willen als ein Trainingsfeld betrachten müssen. Große Triumphe erwarten jene, die sich einer Superdisziplin unterziehen.

Wer immer einer Superdisziplin folgt, wird stark sein müssen, um die „Einsamkeit auf dem Weg“ ertragen zu können.

Evidente Selbstreflexion

Um die evidente Selbstreflexion zu verstehen, ist es notwendig, den Jakobusbrief zu studieren, der für jene bestimmt ist, die am großen Werk, an der Revolution der Dialektik arbeiten. Das große Werk und die psychologische Arbeit müssen vom Glauben getragen werden, denn Glauben manifestiert sich in Taten.

Wer immer es versteht, sein Wort zu beherrschen, wird auch den Körper und die anderen beherrschen, und folglich wird er im großen Werk und in der psychologischen Arbeit vorankommen. In dem Maße, wie wir in der Praxis dieser psychologischen Lehren fortschreiten, müssen wir es vermeiden, einem anderen Fehler zu verfallen – dem der Prahlerei; ebenso wenig dürfen wir eingebildet sein, um im großen Werk und in der evidenten Selbstreflexion zu triumphieren.

Jeder Alchimist, Kabbalist und Psychologe muss Glauben haben. Glaube ist nicht empirisch, sondern muss erschaffen werden. Er wird dadurch erschaffen, dass man sich selbst beobachtet und an sich selbst experimentiert.

Das Mysterium

Die Dharmapalas sind die schrecklichen Herren der Kraft, die sich in den Kampf gegen die materialistischen Verirrungen des kommunistischen Chinas gestürzt haben. Ich selbst werde in Tibet sein, weil große Dinge an diesem heiligen Ort geboren werden. Ich werde den Tibetern helfend zur Seite stehen, um die Spuren des Gräuels, die die Chinesen hinterlassen haben, zu beseitigen.

Shangri-La befindet sich in der vierten Dimension und ist eine Jinas-Stadt. Der verehrungswürdige Meister Kout-Humi lebt dort.

Tibet ist Ägypten sehr ähnlich, und die Mönche kennen die Technik der Mumifizierung. In der Vergangenheit legten die tibetischen Mönche ihre Mumien in Vulkankrater in der Nähe lamaistischer Klöster. Ich fühle keinerlei Furcht, zu behaupten, dass ich ein tibetischer Lama bin. Sie werden sich wundern, wie ich hier und dort zur gleichen Zeit sein kann, aber dies ist durch die Gabe der Allgegenwart möglich. Ja, ich befinde mich augenblicklich im Tal Aditattva und zur selben Zeit hier in Mexiko. Es finden heilige Umzüge in diesem Tal statt.

Das Kloster ist an der rechten Talseite gelegen. Vor einiger Zeit befand es sich in der dritten Dimension, ist heutzutage aber in der vierten versunken. Im Inneren des Gebäudes gibt es große Räume, in denen objektive Arbeiten vollbracht werden. Als Lama habe ich ein kleines Arbeitszimmer. Im Innenhof des Klosters versammeln sich die Dharmapalas.

Der Orden setzt sich aus 201 Mitgliedern zusammen. Das leitende Gremium besteht aus 72 Brahmanen. Dieser Orden lenkt das Schicksal der Menschheit.

Tibet ist schon immer von den Engländern oder Chinesen überfallen worden, aber bis jetzt mussten sie aufgrund der schrecklichen Macht der Dharmapalas das Land immer verlassen.

Der Avatar

Avatare dürfen soziale Angelegenheiten nicht außer Acht lassen; aus diesem Grunde hat sich Quetzalcoatl in zwei Aspekten manifestiert: im Sozialen und im Psychologischen.

In meinem persönlichen Fall habe ich mich um diese beiden Aspekte bemüht: um menschliche Probleme, die mittels der Revolution des Bewusstseins auf eine dialektische Art und Weise gelöst werden können, und um die Probleme von Kapital und Arbeit, die eine Lösung mittels des POSCLA verlangen.

Ein Erlebnis:

„Sie gaben ihm einen Speer, der die Probleme symbolisierte. Sie veranlassten ihn, eine geheime heilige Stätte zu betreten, wo er den heiligen Patriarchen Augustinus traf. Der Patriarch nahm ein großes Buch aus dem Bücherregal und sagte zu ihm: „Ich werde dich jetzt ein Mantra lehren, um das Feuer zu entfachen." Er öffnete das Buch ... Er entzündete ein Kohlebecken ... Er sprach das Mantra „M" und das Feuer war entfacht. Als er hinausging, lernte er, wie das Mantra anzustimmen war, um die Flamme zu entzünden. Der heilige Patriarch Augustinus kehrte, wie auch der Meister Samael, bekleidet mit seiner priesterlichen Robe, vor den Altar des Tempels zurück.

Sie gaben ihm in seine rechte Hand ein Ruder, als ob sie sagen wollten: »Du hast das Ruder in der Hand.«

Sie machten eine große Kette ...

»Wir werden dich auf diesem großen Kampf begleiten.«

So begleitet ihn also die Weiße Bruderschaft.

Unglücklicherweise haben die gnostischen Brüderchen meine Lehre nicht studiert, nicht gelebt, diese Lehre, die ich ihnen so lange Jahre vermittelt habe, um ihnen die psychologische Befreiung zu bringen. Und sie selbst wollten das große Werk der Weißen Bruderschaft sabotieren ...

Indem wir die Schlüssel der revolutionären Psychologie und der POSCLA geben, wollen wir nicht gesellschaftlich aufsteigen oder auf Kosten des Staatshaushaltes leben. Unser einziges Ziel ist es, der Menschheit nützlich zu sein, ihr zu dienen, indem wir ihr psychologische Regeln vorlegen, die ich selbst erprobt und gelebt habe, damit das intellektuelle Tier die integrale Revolution erlangt ...

Die Aufgabe eines Avatars ist nicht nur eine religiöse Angelegenheit, sondern betrifft auch die politischen und psychologischen Fragen der Nationen.

Kapitel IX

Individuum und Gesellschaft

Die Gesellschaft ist die Erweiterung des Einzelnen. Wenn der Einzelne gierig, grausam, gnadenlos, selbstsüchtig usw. ist, wird es die Gesellschaft gleichfalls sein. Es ist notwendig, aufrichtig zu sich selbst zu sein; jeder von uns ist entartet, weshalb die Gesellschaft unvermeidbar entartet sein muss.

Dies kann nicht durch das schreckliche Ungeheuer des Materialismus gelöst werden, sondern nur durch den Einzelnen, der sich auf seine eigene ganzheitliche Revolution stützt. Es ist die Zeit gekommen, über unser eigenes Schicksal nachzudenken. Gewalt bringt keine Lösung. Gewalt kann uns nur zum Versagen führen. Wir benötigen Frieden, Heiterkeit, Nachdenklichkeit und Verständnis.

Das Problem der Welt ist das Problem des Individuums. Blutige Revolutionen lösen nichts. Nur durch Intelligenz werden wir das Problem der Einkapselung des Bewusstseins lösen.

Nur durch die Intelligenz können wir das intellektuelle Tier verwandeln, zuerst in einen Menschen und später in einen Übermenschen. Nur durch die Revolution der Dialektik können wir das schreckliche Ungeheuer des Materialismus besiegen.

Die menschliche Gesellschaft ist die Erweiterung des Einzelnen. Wenn wir wirklich eine radikale Veränderung, wenn wir wirklich eine bessere Welt wollen, müssen wir uns als Einzelner ändern, in unserem Inneren, innerhalb unserer eigenen Individualität die abscheulichen Faktoren verändern, die Elend und Schmerz in der Welt verursachen.

Erinnern wir uns daran, dass die Masse eine Summe von Individuen ist. Wenn sich jeder Einzelne ändert, wird sich die Masse unausweichlich ändern.

Es ist dringend notwendig, die Selbstsüchtigkeit zu beseitigen und den Christus - Zentrismus zu kultivieren, nur auf diese Weise können wir eine bessere Welt schaffen. Es ist unerlässlich, die Gier und die Grausamkeit, die jeder von uns in seinem Innern trägt, zu beseitigen. Nur wenn sich der Einzelne ändert, wird es auch die Gesellschaft tun, denn diese ist nur die Erweiterung des Einzelnen.

Es gibt Schmerz, Hunger und Verwirrung, aber nichts davon kann mit den absurden Mitteln der Gewalt beseitigt werden. Wer auch immer die Welt durch Revolution voll Blut und Schnaps oder durch Staatsstreiche und Hinrichtungen umgestalten will, ist völlig im Irrtum, denn Gewalt erzeugt mehr Gewalt und Hass mehr Hass. Wir brauchen Frieden, wenn wir die Probleme der Menschheit lösen wollen.

Man löst die Finsternis nicht durch Stockhiebe oder Atheismus auf, sondern indem man das Licht bringt. Auch wird ein Fehler nicht durch einen Kampf Mann gegen Mann aufgelöst, sondern dadurch, dass die Wahrheit verbreitet wird, ohne den Irrtum angreifen zu müssen.

So weit, wie die Wahrheit vorrückt, so weit wird auch der Fehler zurückweichen müssen.

Es ist nicht nötig, dem Negativen zu widerstehen, sondern bedingungslos das Positive zu praktizieren und seine Vorteile durch die Praxis zu lehren. Den Irrtum anzugreifen, bedeutet, den Hass jener zu provozieren, welche die Irrtümer begehen. Was uns nottut, ist das Licht der Revolution der Dialektik zu verbreiten, um die Finsternis aufzulösen.

Es ist dringend nötig, die grundsätzlichen Prinzipien der marxistischen Dialektik genau zu analysieren und der Welt die ungeheuere Tatsache aufzuzeigen, dass diese Prinzipien einer tiefen Analyse nicht standhalten können und billige Sophisterei sind.

Lasst uns Licht machen, wenn wir die Finsternis besiegen wollen. Lasst uns kein Blut vergießen. Die Stunde ist gekommen, verständnisvoll zu sein.

Es erweist sich als notwendig, das eigene Ich zu studieren, wenn wir wirklich unsere Mitmenschen lieben. Es ist unentbehrlich zu verstehen, dass nur die Vernichtung aller Faktoren von Selbstsüchtigkeit und Grausamkeit, die jeder von uns im Inneren trägt, uns in die Lage versetzen wird, eine bessere Welt zu schaffen, eine Welt ohne Hunger und Furcht.

Die Gesellschaft ist das Individuum. Die Welt ist das Individuum. Wenn sich das Individuum von Grund auf ändert, wird sich die Welt unausweichlich ändern.

Das Bewusstsein ist in großer Gefahr und nur durch eine radikale Veränderung als Individuen, können wir uns selbst und die Menschheit retten.

An das Bewusstsein

Bewusstsein, das du schläfst ...
Wie anders wärst du, wenn du erwachtest ...
Du kenntest die sieben Pfade der Glückseligkeit,
Überall glänzte das Licht deiner Liebe,
die Vögel erfreuten sich im Mysterium deiner Wälder,
das Licht des Geistes würde strahlen,
und fröhlich sängen die Elemente im Chor.

Die Erleuchtung

Praktiziert die Lehren der Revolution der Dialektik mit Ordnung. Beginnt eure vollkommene Revolution von diesem Moment an. Widmet euch selbst Zeit, denn so, wie ihr seid, mit diesem furchtbaren Ich im Inneren, scheitert ihr. Ich will, dass ihr euch entschließt, radikal in allen Stufen des Verstandes zu sterben. Viele sind es, die sich beklagen, dass sie nicht nach Belieben auf eine Astralreise gehen können. Wenn man das Bewusstsein erweckt, ist die Astralreise kein Problem mehr. Die Schlafenden sind zu nichts zu gebrauchen.

In dieser Arbeit über die Revolution der Dialektik habe ich die Wissenschaft dargelegt, die man benötigt, um das Erwachen des Bewusstseins zu erreichen. Begeht nicht den Fehler, dieses Buch zu lesen, so wie man eine Zeitung liest. Studiert es bis ins Tiefste viele Jahre hindurch, lebt es, setzt es in die Praxis um.

Jenen, die sich darüber beklagen, die Erleuchtung nicht zu erlangen, gebe ich den Rat, Geduld und Gelassenheit zu üben. Die Erleuchtung kommt zu uns, wenn wir das vielfältige Ich auflösen, wenn wir wirklich in allen 49 Stufen des Unterbewusstseins gestorben sind.

Jene, die okkulte Fähigkeiten begehren, jene, die das Yoga der Sexualität als Vorwand benutzen, um Frauen zu verführen, sind völlig im Irrtum und schlagen den Weg ein, der den Zielen und Disziplinen des universellen Gnostizismus entgegengesetzt ist.

Arbeitet in den drei Faktoren der Revolution des Bewusstseins auf ordentliche und perfekte Weise.

Begeht nicht den Fehler Ehezubrechen und zu huren. Gebt das Herumflattern auf. Jene, die von Blume zu Blume, von Schule zu Schule dahinflattern, sind in Wirklichkeit sichere Kandidaten für den Abgrund und den zweiten Tod.

Gebt die Selbstrechtfertigung und das Selbstmitleid auf. Werdet zu Feinden eurer selbst, wenn ihr wirklich auf radikale Weise sterben wollt. Nur so werdet ihr die Erleuchtung erlangen.

Beginnt beim absoluten Nullpunkt. Gebt den mystischen Stolz auf, den Größenwahn, die Tendenz, euch selbst als übertranszendent zu betrachten. Ihr alle seid nichts als intellektuelle Tiere, zum Leiden des Lebens verdammt.

Es ist dringend, notwendig und unaufschiebbar, eine Bestandsaufnahme von euch selbst zu erstellen, um erfahren zu können, was ihr wirklich seid.

Seid demütig, um die Erleuchtung zu erlangen, und wenn ihr sie erlangt habt, seid noch demütiger.